A Possibilidade da Prisão Civil do Depositário Judicial Infiel:
Revisitando a Súmula Vinculante n. 25 do Supremo Tribunal Federal

José Adelmy da Silva Acioli

Graduado em Direito pela Universidade Federal de Alagoas – UFAL, com pós-graduação stricto sensu no Mestrado em Direito da Universidade Católica de Pernambuco – UNICAP.
Juiz do Trabalho Substituto da 6ª Região.

A Possibilidade da Prisão Civil do Depositário Judicial Infiel:
Revisitando a Súmula Vinculante n. 25 do Supremo Tribunal Federal

EDITORA LTDA.
© Todos os direitos reservados

Rua Jaguaribe, 571
CEP 01224-001
São Paulo, SP – Brasil
Fone: (11) 2167-1101

LTr 4512.3
Outubro, 2011

Visite nosso site:
www.ltr.com.br

Dados Internacionais de Catalogação na Publicação (CIP)
(Câmara Brasileira do Livro, SP, Brasil)

Acioli, José Adelmy da Silva
 A possibilidade da prisão civil do depositário judicial infiel / José Adelmy da Silva Acioli.

 Bibliografia.
 ISBN 978-85-361-1929-8

 1. Depositário infiel 2. Depositário judicial 3. Depósitos (Direito) 4. Direitos fundamentais 5. Prisão civil 6. Prisão por dívida 7. Processo civil 8. Processo Civil — Brasil I. Título.

11-09809   CDU-347.952.9(81)

Índice para catálogo sistemático:

1. Brasil : Possibilidade da prisão civil do depositário judicial infiel : Direito processual civil   347.952.9(81)

Ao meu inesquecível pai Dilermando, de presente lembrança em cada um de meus dias, pelo exemplo de uma vida inteira com ética e retidão. Quanta saudade!

À minha mãe, Margarida, de quem aprendi que o amor é, sobretudo, um ato de doação.

À minha esposa Danielle, companheira de todos os momentos, por tanto amor e cumplicidade em nossa caminhada.

Aos meus filhos João Pedro e Luiz Felipe, pelo simples fato de existirem e, com isso, encherem minha vida de cor e sentido.

Agradeço a todos os que, de alguma forma, contribuíram para o desenvolvimento e publicação desta obra, especialmente a minha família e amigos que muito me incentivaram durante esta empreitada.

Agradeço também aos professores do Mestrado em Direito da UNICAP que regaram a semente crítica que há em mim, apontando a direção científica para o desenvolvimento de minhas ideias.

Agradeço, em particular, ao Professor Doutor Marcelo Labanca, pela paciência e desprendimento que teve ao me orientar, e à Professora Doutora Virgínia Colares, minha coorientadora, sempre afável e acessível, constituindo-se em exemplo perene de conduta no exercício do magistério.

Igualmente, agradeço aos meus colegas do mestrado com quem troquei experiências, dificuldades e informações durante todo o curso.

Agradeço, ainda, ao Tribunal Regional do Trabalho da 6ª Região pelo incentivo ao meu aprimoramento científico, e ao colega Juiz do Trabalho Hugo Cavalcanti Melo Filho, parceiro da 12ª Vara do Trabalho do Recife, pelo estímulo ao meu retorno à vida acadêmica.

Ao colega Juiz do Trabalho Luciano Athayde, ex-presidente da ANAMATRA, devoto um agradecimento especial pela honra de prefaciar este livro com tamanha presteza e qualidade jurídica.

Sobretudo, agradeço a Deus por haver reunido as condições pessoais e materiais necessárias à conclusão do mestrado e à publicação deste livro.

Sumário

Prefácio 11

Introdução 15

Capítulo I — A prisão civil do depositário judicial infiel e o *contempt of court* 19

1.1. Da evolução histórica da prisão civil por dívida 19

1.2. Da evolução histórica da previsão da prisão civil do depositário infiel nas ordenações do reino de Portugal 21

1.3. Da evolução histórica da previsão da prisão civil do depositário infiel no Brasil 22

1.4. Sanção *x* coerção 26

1.5. Do *contempt of court* 28

    1.5.1. Breve histórico 28

    1.5.2. Conceituação e importância 30

    1.5.3. Classificação 31

    1.5.4. Das sanções aplicáveis 32

Capítulo II — As espécies de depositário e sua prisão civil 35

2.1. Da natureza das coisas e dos signos como referência ao estudo das espécies de depósito 35

2.2. Da natureza dos fatos jurídicos como referência ao estudo das espécies de depósito 37

    2.2.1. Mundo dos fatos e mundo do Direito 38

    2.2.2. Classificação dos fatos jurídicos 39

    2.2.3. Dos fatos jurídicos *stricto sensu* 39

    2.2.4. Dos atos-fatos jurídicos 40

    2.2.5. Dos atos jurídicos *stricto sensu* 40

    2.2.6. Dos negócios jurídicos 42

2.3. Das espécies de depósito 45

    2.3.1. Da natureza do depósito civil 47

    2.3.2. Da natureza do alienante fiduciário enquanto depositário por equiparação 48

    2.3.3. Da natureza do depósito judicial 53

Capítulo III — Conflito de direitos fundamentais: liberdade individual x efetividade da tutela jurisdicional 61

3.1. Terminologias, definição e categorias dos direitos fundamentais 61

3.2. Direitos fundamentais estruturados em regras e princípios 64

3.3. Da tutela jurídica da liberdade 67

3.4. Do acesso à justiça e da efetividade processual como direitos fundamentais 69

3.5. Da tensão entre a liberdade individual e a efetividade processual 72

3.6. Espécies de antinomias ou de colisões de regras jurídicas 74

3.7. Dos tipos de colisões de direitos fundamentais 75

3.8. Dos critérios para a solução de colisões entre regras jurídicas 75

3.9. Do princípio da proporcionalidade como solução de conflitos entre princípios de direitos fundamentais 78

3.10. Do diálogo das fontes como critério para a solução dos conflitos entre as normas internacionais e o direito interno 82

Capítulo IV — Uma chaga interpretativa em aberto: as distorções da uniformidade de interpretação sobre a impossibilidade de prisão de qualquer modalidade de depositário na doutrina e na jurisprudência do STF 87

4.1. Da evolução do posicionamento do STF quanto à incorporação da Convenção Americana de Direitos Humanos na discussão sobre a prisão civil do depositário infiel .. 87

4.2. Da análise da referência legislativa utilizada para a edição da Súmula Vinculante n. 25 pelo STF 89

4.3. Do exame dos precedentes judiciais que fundamentaram a edição da Súmula n. 25, do STF 91

4.4. Das distorções da uniformidade interpretativa sob a perspectiva linguística 102

4.5. Das distorções da uniformidade interpretativa segundo a perspectiva hermenêutica 104

4.6. Pela revisão do texto e por uma interpretação constitucionalmente adequada à Súmula Vinculante n. 25 do STF 108

Conclusões 117

Referências bibliográficas 127

Prefácio

Vivemos tempos de grandes desafios para a ciência processual. E não são desafios necessariamente teóricos, conceituais. São desafios principalmente empíricos, de resultados, que também dialogam com a metodologia do processo, mas dizem muito mais com a vida das pessoas e com as coisas da Justiça.

Noutras palavras, estamos experimentando um momento particular do Direito Processual, no qual a busca pelo desenvolvimento de seus institutos precisa demonstrar fenomenológica conexão com expectativas concretas dos jurisdicionados acerca da eficiência dos aparatos judiciários, como corolário da própria ideia de Estado democrático de Direito.

Não que essa busca pela eficiência seja, do ponto de vista crítico, uma novidade dos dias em curso. Por certo que não. Porém, a intensidade da crítica é seguramente outra, mercê do influxo da compressão do "espaço-tempo" (David Harvey) que marca a sociedade contemporânea, veloz, imediata, tensionada a todo instante. Os litígios nela existentes passam a demandar outra resposta do Estado. Daí a (re)configuração do problema da morosidade do Poder Judiciário, e das acentuadas (re)leituras de seu papel no cenário sócio-político-econômico.

Partindo da compreensão desenvolvida por Boaventura de Sousa Santos sobre morosidade (*Para uma revolução democrática da justiça*. São Paulo: Cortez, 2007), sabemos que o problema da eficiência da tutela jurisdicional comporta uma complexidade maior do que a dogmática processual costumava apresentar. É preciso, ademais de aprofundar a racionalidade procedimental e discutir a simplificação/utilidade de seus institutos, perquirir acerca da *pretensão de eficácia* (Konrad Hesse) das normas processuais a partir dos seus atores, no âmbito do que Boaventura denomina de *morosidade ativa*. É dizer: além do processo formal, solene, há que se averiguar as posturas dos atores processuais, suas intencionalidades, suas ideologias, suas práticas e, como não poderia deixar de ser, sua metodologia de interpretação e aplicação do Direito Processual.

Esse eixo de abordagem torna o cenário processual mais complexo. De igual modo, expõe questões, como a da eficiência da tutela jurisdicional, a uma pletora de reflexões mais profundas, mas que me parecem de necessário enfrentamento. A ciência processual precisa dialogar com a sua própria dimensão de eficácia. Precisa enfrentar os reais bloqueios aos seus escopos.

Tenho insistido na tese de que o déficit que hoje se percebe em relação à eficácia da Justiça traduz um fenômeno multifatorial e extremamente complexo, revolvendo fatores estruturais, mas, principalmente, matizes culturais, que se relacionam com a própria prática social de inobservância da legislação e dos contratos. Um verdadeiro *ethos* de baixa efetividade do Direito, que, como corolário, demanda uma forte atuação do Poder Judiciário em nosso país, até mesmo para exercer o seu escopo pedagógico e atuar no processo de eficácia da ordem jurídica, delineando as fronteiras da *vontade de Direito (e de Constituição)* a que se refere Konrad Hesse (*A força normativa da Constituição*. Porto Alegre: Sérgio Antônio Fabris, 1991).

Se assim o é, de certa forma se justificam os atuais esforços no estudo dos bloqueios existentes na fase de cumprimento das decisões e nas execuções forçadas, quando o prestígio do Poder Judiciário e a eficácia das ferramentas colocadas à sua disposição são testados à exaustão.

Pensado para se constituir em exceção no cenário do (in)adimplemento das obrigações reconhecidas em Juízo — porque se imagina um grau importante de eticidade processual no cumprimento voluntário e cooperativo das obrigações constantes nos títulos revestidos do atributo de executoriedade —, a cobrança judicial forçada das obrigações se constitui, em nosso país, uma indesejável regra, que está a contribuir decisivamente para a crise de efetividade revelada pelas atuais estatísticas judiciárias, mesmo em relação à Justiça do Trabalho, que tem mostrado historicamente maior protagonismo na busca pela concretização do princípio do resultado, que orienta o processo judicial.

O relatório *Justiça em Números* para o ano de 2009 (Conselho Nacional de Justiça) aponta uma taxa de congestionamento em torno de 69% na Justiça do Trabalho. Isso quer dizer que somente 31 feitos, de cada 100, conseguem chegar a um efetivo resultado, permanecendo os demais numa situação de pendência que desafia a todos.

Trata-se de um diagnóstico extremamente preocupante, se levarmos em conta que a jurisdição laboral cuida, essencialmente, de verbas de cariz alimentar, cuja urgência é de sua ontológica natureza.

Por certo que esse diagnóstico não permite reducionismos e simplificações, pois são muitas as variáveis que circundam a atividade judicante e os procedimentos de efetivação dos títulos obrigacionais, judiciais e extrajudiciais, passando pela própria viabilidade patrimonial da execução.

Nada obstante, há diversas questões metodológicas, legais e jurisprudenciais a se considerar.

E é precisamente nessa quadra que se posiciona o precioso estudo de José Adelmy da Silva Acioli, na medida em que pretende lançar luzes sobre essa temática, elegendo a crítica à interpretação sobre a natureza e a eficácia do instituto da prisão do depositário infiel, tema que agita questões relacionadas à constrição judicial de bens, remoções, expropriações, dentre outros.

Partindo da busca de sua natureza como método auxiliar de coerção — inserido no panorama do *contempt of court*, originário do direito anglo-americano —, a obra examina a interpretação do preceito fundamental contido no art. 5º, inciso LXVII, da Constituição Federal, que trata da proibição da "prisão por dívida", analisando, com olhar crítico e argumentativamente bem fundamentado, a atual posição do Supremo Tribunal Federal sobre o tema, notadamente após a edição da Súmula Vinculante n. 25 ("*é ilícita a prisão civil do depositário infiel qualquer que seja a modalidade de depósito*").

Nesse contexto, a pesquisa aprofunda a necessária distinção entre o depósito contratual e o depósito judicial, destacando o caráter publicista deste último, inserido que está no rol das ferramentas (e, na realidade, não são muitas) colocadas à disposição do Juízo da execução para concretização da tutela condenatória.

Mais do que isso, o livro chega ao leitor num momento importante, no qual ainda se discute a potencialidade do preceito da duração razoável do processo (art. 5º, inciso LXXVIII, da CF; acrescido pela Emenda n. 45/2004) e os desdobramentos teóricos e práticos das leis processuais reformadoras da fase de cumprimento da sentença e execução (em especial, as Leis ns. 11.232/2005 e 11.382/2006).

À literatura especializada se incorpora, portanto, uma importante contribuição, que haverá de se agregar a outros esforços de pesquisa e compreensão sobre o universo da eficácia da tutela jurisdicional e sobre papel do Poder Judiciário, forte da premissa de que o avanço das ferramentas de efetividade de direitos é aspecto fundamental da legitimação da ordem jurídica e da própria ideia de justiça substancial.

Natal (RN), junho de 2011.

Luciano Athayde Chaves

Introdução

Esta obra intenta demonstrar, mesmo em face da ratificação pelo Brasil do Pacto de San José de Costa Rica e da Súmula Vinculante n. 25 do Supremo Tribunal Federal, a possibilidade da prisão civil do depositário judicial de bens penhorados no processo, considerando a natureza de direito público da relação jurídica por si engendrada no bojo do processo, a partir da aceitação do encargo de guarda e conservação do bem constrito, que o vincula diretamente ao juiz e não ao credor da execução.

O preceptivo constitucional que proíbe a prisão civil por dívida (art. 5º, LXVII) deve ser analisado com a devida cautela, não se podendo, subliminarmente, turvar, negar ou omitir o significado hermenêutico da expressão "dívida" à discussão posta, a exemplo do que fez o Supremo Tribunal Federal que, através da redação da Súmula Vinculante n. 25, simplesmente a suprimiu do contexto decisório, tratando-a como um dado insignificante.

Com efeito, a liberdade fundamental que sonega ao Estado a possibilidade da prisão civil do indivíduo é delimitada pelo adjetivo "dívida", encarada como sinônimo de obrigação patrimonial, conforme fica revelado no exame da base textual referente às hipóteses exceptivas do alimentante e do depositário infiel.

É bem de ver que a prisão do alimentante é justificada constitucionalmente pelo inadimplemento voluntário e inescusável de uma obrigação de pagar quantia (alimentos), pode-se inferir que o legislador também acolhe, ainda que implicitamente, a prisão do depositário infiel sob o mesmo contexto sintático de índole patrimonial. De fato, essa circunstância é denunciada pelo conectivo lógico *e* que unifica, harmoniza e estabiliza em um só conjunto as hipóteses exceptivas da negação qualitativa contida na prescrição constitucional, dando-lhe coesão.

Ora, se a proibição da prisão civil é por dívida, que, bem entendida, pressupõe obrigações patrimoniais, o preceptivo não alcança o depositário judicial de bens penhorados no processo, haja vista que não está vinculado à dívida em execução nem, tampouco, a nenhum elemento obrigacional de cunho privado, tanto que o encargo pode recair no próprio credor e em terceiros estranhos ao processo e sem qualquer responsabilidade jurídica pela dívida.

De acordo com a previsão contida no Código de Processo Civil (CPC), o depositário judicial de bens é um auxiliar da justiça que exerce um *múnus público* de colaboração com a administração da justiça e, quando o encargo recai sobre a pessoa do devedor, tal figura acumula um duplo e distinto papel processual, a saber, de executado vinculado e submisso aos atos de execução e de depositário comprometido eticamente com o maior êxito possível da tutela executória.

Portanto, quando a figura do depositário judicial coincide com a do executado, os motivos determinantes da prisão do depositário infiel são as infrações *contempt of court* à relação jurídica processual por si firmada diante do *ius imperium* do Estado/juiz, não havendo que se perquirir sobre a relação obrigacional deduzida em Juízo.

Por sua vez, ao contrário do que se tem interpretado, o Pacto de San José de Costa Rica não veda todas as prisões civis, especialmente as decorrentes de *contempt of court*, mas apenas amplia a proteção internacional da liberdade civil, estabelecendo como única exceção aceita à proibição de confinamento por dívida a hipótese do alimentante.

A textura aberta da expressão "depositário infiel" determina a necessidade de sua interpretação, acolhendo a verificação sobre a natureza jurídica distinta de suas espécies, sendo, a maioria, de índole realmente contratual, mas havendo pelo menos uma delas, no caso a do depositário judicial, cuja feição é de direito público, o que torna inviável o tratamento legal e jurisprudencial uniforme a respeito da matéria.

Se não há uniformidade ou identidade jurídica dentre as espécies de depositários existentes no sistema jurídico brasileiro, tal como redigida, a Súmula Vinculante n. 25 do STF, que declara ilegal a prisão civil de depositário infiel, independentemente de sua modalidade, padece de inconstitucionalidade, pois ultrapassa o seu pressuposto de aplicabilidade previsto no art. 103-A, parágrafo primeiro, da Constituição Federal de 1988, a saber, a incidência em processos que versem sobre questão idêntica.

Desse contexto demonstrativo, resulta manifesta a originalidade desta obra, sem embargo de a matéria haver sido planificada em sede de Súmula Vinculante n. 25, a Constituição Federal permite a sua revisão ou mesmo o seu cancelamento, a teor da redação do *caput* do art. 103-A.

A obra está dividida em quatro capítulos distintos que estabelecem recíprocos elos entre si e tencionam sustentar as premissas acima levantadas.

No primeiro capítulo, foi feita uma pesquisa histórica acerca da prisão civil por dívida, desde o direito romano, e sua paulatina supressão do cenário do mundo ocidental, tendo como foco a humanização do ramo civil das obrigações patrimoniais e a dogmática do regime liberal, realizando-se, ainda, um paralelo sobre sua previsão legislativa no Brasil, a partir do império até os dias atuais, seja em sede constitucional, seja no âmbito das legislações ordinárias, a fim de se perquirir sobre o verdadeiro conteúdo e a razão de ser da liberdade fundamental protegida, distinguindo-a e desmistificando-a da sanção coercitiva resultante do *contempt of court* civil.

No segundo capítulo, buscou-se introduzir o eixo teórico que sustenta a premissa da obra, pesquisando-se de *per se* as espécies de depositários existentes no direito brasileiro, com ênfase ao estudo da natureza jurídica de cada um deles, com a finalidade de observar não só as diferenças existentes, mas, também, demonstrar a diversidade motivacional de suas respectivas prisões civis, arrimando os equívocos perpetrados a partir da polissemia da sua expressão conceitual, a qual permitiu tanto a retenção pessoal de quem não deveria, como, atualmente, impede o confinamento de que não está contemplado pela liberdade constitucional.

No terceiro capítulo, enveredou-se pelo estudo dos direitos fundamentais, sua definição, terminologia, distinção entre regras e princípios, cotejando-se, em especial, a tutela jurídica da liberdade, o acesso à justiça e a efetividade processual como garantias constitucionais em potencial rota de colisão. A partir desse contexto, estudaram-se as formas de conflito e os critérios hermenêuticos existentes para a resolução de tensão envolvendo as liberdades fundamentais, percebendo-se a insuficiência dos tradicionais critérios apriorísticos de solução de antinomias e a necessidade do exame do caso concreto para a ponderação dos valores conflituosos com vistas a resguardar a máxima eficácia das garantias constitucionais e a unidade da Constituição, sem que a decisão judicial se torne voluntarista ou niilista, mas, a partir de sua fundamentação, demonstre sua racionalidade.

No quarto e último capítulo, inicialmente, promoveu-se o estudo da recepção das normas internacionais no direito brasileiro, com destaque ao Pacto de San José de Costa Rica, eis que seus preceptivos formaram o substrato decisório do Supremo Tribunal Federal a respeito da controvérsia sobre a possibilidade de prisão civil do depositário infiel. Em seguida, foi realizada a análise crítica da referência legislativa e dos precedentes judiciais que embasaram a Súmula Vinculante n. 25 do STF, a fim de demonstrar que o conflito intersubjetivo que subjaz à discussão em epígrafe foi apreciado apenas no contexto do confronto entre a liberdade individual e o direito privado (direito obrigacional/patrimonial), não se inoculando o devido exame da matéria na seara do direito público, cuja importância temática viceja da própria natureza jurídica pertinente à espécie do depositário judicial. Sob a perspectiva linguística e hermenêutica, objetivou-se demonstrar o desacerto da decisão da suprema corte brasileira quanto à matéria, ao planificar a proibição para todas as hipóteses de depositários, independentemente de sua modalidade.

Em linhas de conclusão, a obra conclama pela revisão da Súmula n. 25 do STF e, até que não haja pronunciamento expresso sobre um pedido revisional, a ser realizado pelas entidades legitimadas constitucionalmente para tanto, sugere que seja dada uma interpretação constitucionalmente adequada à decisão sumular indigitada, inferindo-a no sentido de que é ilegal a prisão civil de depositário infiel contratual ou civil, qualquer que seja a sua modalidade de contrato, deixando-se fora do verbete vinculativo em apreço a proibição do confinamento do depositário judicial de bens penhorados no processo.

Capítulo I
A Prisão Civil do Depositário Judicial Infiel e o Contempt of Court

1.1. Da evolução histórica da prisão civil por dívida

Como ensina Amílcar de Castro[1], a partir das lições de Marttirolo, o arresto pessoal por dívida percorreu três estágios principais com características diversas: primeiro foi a escravidão, época em que o devedor tornava-se escravo do credor e com o fruto do seu trabalho solvia o débito; no segundo, a prisão era infligida ao credor pelo devedor como pena pelo não cumprimento da obrigação; no terceiro, a prisão tornou-se um meio de pôr em prova a solvência do devedor, revestindo-se em ameaça com o único intuito de obrigá-lo ao adimplemento.

A primeira fase da prisão civil como forma de escravidão remota à época da Lei das XII Tábuas, do ano 450 a. C., quando o credor detinha direito de vida e morte sobre a pessoa do devedor, o qual podia, através da *manus injectio*, inclusive, ser esquartejado em praça pública na hipótese de haver concurso de credores, depois de apregoado em três feiras, se não conseguisse ser vendido como escravo, nem arranjasse fiador para saldar o débito.

Segundo Cândido Rangel Dinamarco, as formas das tutelas executivas no direito romano não se diferenciavam completamente da vingança privada ou autotutela de direitos até a *Lex Poetelia Papiria*[2] do ano de 326 a. C., considerada um marco na humanização das execuções, a qual teve como principais normas a proibição da morte e acorrentamento do devedor, livrando-o da execução por *manus injectio*, a institucionalização da satisfação do crédito pela prestação de trabalhos forçados do sujeito subordinado, sem, no entanto, torná-lo escravo do credor e, finalmente, a desconstituição do *nexum* entre a dívida e o corpo.[3]

---

(1) *Comentários ao Código de Processo Civil*. 3. ed. São Paulo: Revista dos Tribunais, 1983. v. VIII, p. 378-379.

(2) Essa denominação decorre, segundo Montesquieu, do fato de os cônsules haverem obstado um usuário chamado Papírio que intentava corromper o pudor de um jovem conhecido por Públio a quem mantinha a ferros por dívida. Nesse sentido, conclui que o crime de Sexto deu a Roma a liberdade política, enquanto o crime de Papírio deu a liberdade civil. MONTESQUIEU, Charles de Secondat, Baron de. *O espírito das leis*. Trad. de: Cristina Murachco. São Paulo: Martins Fontes, 1996. p. 214.

(3) *Execução civil*. 6. ed. São Paulo: Malheiros, 1998. p. 43-44.

É bem de ver, por outro lado, que, ao tempo em que foi editada a *Lex Poetelia Papiria* vigia o período clássico do direito romano, no qual o processo judicial se dividia, em duas fases, sendo a primeira *in iure* perante o pretor e a segunda *in iudex* perante o árbitro escolhido pelas partes litigantes[4], cabendo ao Estado apenas declarar o direito em litígio, faltando-lhe, contudo, ainda, a *executio* de suas decisões, ou seja, o poder imperativo de interferir na órbita privada do indivíduo entregando ao vencedor o resultado prático da decisão proferida.

Portanto, a *Lex Poetelia Papiria* não se tratava de um direito de defesa contra o Estado, posto que não havia poder estatal executório à época, tendo sido, na verdade, o marco da humanização das execuções contratuais até então realizadas sem qualquer limite no âmbito da vingança privada: o devedor já não se tornava mais escravo do seu credor em razão da dívida inadimplida.

Durante a Idade Média, com a dominação dos povos germânicos sobre a Europa ocidental, ocorrera um retrocesso no progresso da humanização das execuções, permitindo-se o confinamento do indivíduo até que saldasse a dívida, sendo que, na época das Ordálias, também se podia impor castigos físicos, mutilações e até mesmo a morte do devedor, convivendo ao lado das *executio personalis e spiritualis* a *executio realis*[5].

Na Baixa Idade Média (séculos XI a XIII), houve um resgate do direito romano e, embora o digesto civil não previsse a prisão por dívida, surgiu na França a *contrainte par corps*, então restrita aos débitos fiscais. Em 1303, o Rei Filipe IV, o belo, instituiu a regra de que os bens e não os corpos eram garantidores das dívidas, mas os retratos dos devedores eram estampados nas cidades com o símbolo do mal.[6]

Na Idade Moderna, a prisão civil foi relegada aos débitos comerciais e aos estrangeiros, tendo o código napoleônico de 1804 instituído como princípio ideológico próprio da doutrina liberal a incolumidade física no cumprimento das obrigações (*nemo ad factum cogi potest*), ficando proibido o constrangimento pessoal como forma de compelir o devedor a solver a dívida, o que foi irradiado para toda a família jurídica romano-continental. Nessa perspectiva, o inadimplemento de prestação de fazer infungível deveria ser, inevitavelmente, convertida em indenização por perdas e danos, pois a vontade do devedor seria um obstáculo de ordem natural e não jurídica ao adimplemento da obrigação.[7]

---

(4) O período clássico do direito romano vigeu do séc. II a. C. até o século II d. C. Nesse hiato, o Estado foi se fortalecendo e, com o tempo, passou a impor os árbitros às partes, não conservando, no entanto, poder execução. Nesse período, surge a Lei das XII Tábuas e, com ela, a figura do Legislador.

(5) *Ibidem*, p. 60.

(6) Este sucinto historiado também se baseou na pesquisa histórica levantada por Aílton Stropa Garcia, em "Implicações constitucionais, processuais e sociais da prisão civil do alimentante inadimplente". In: *Revista Jurídica da UNIGRAN*, Dourados, MT, v. 6, n. 11, p. 105-122, jan./jul. 2004.

(7) Nesse sentido, SANTOS, Moacyr Amaral. *Primeiras linhas de direito processual civil*. 17. ed. São Paulo: Saraiva, 1998. v. 3, p. 375, e ASSIS, Araken de. *O contempt of court no direito brasileiro*. Disponível em: <http://www.notadez.com.br/content/noticias.asp?id=12545> Acesso em: 30 ago. 2010.

Como se verifica, o exame da evolução histórica da prisão civil por dívida demonstra que, ao mesmo tempo em que humanizava as relações jurídicas privadas, também impossibilitava a transcendência da responsabilidade por débitos do patrimônio do devedor para sua pessoa, entronizando o princípio da incolumidade física no terreno do cumprimento das obrigações.

No entanto, o contexto histórico acima delineado cingiu-se à análise da prisão civil por dívida, não se aludindo às detenções pessoais em face do descumprimento de comandos não obrigacionais, como os provimentos judiciais mandamentais, o que será visto mais adiante quando se tratar especificamente do *contempt of court*.

1.2. Da evolução histórica da previsão da prisão civil do depositário infiel nas ordenações do reino de Portugal

Nas Ordenações Afonsinas de 1446-1447, estava prevista a prisão civil por dívidas e, em especial, a do depositário contratual infiel, no Livro IV, Título LXVII, item 5, nos seguintes termos:

> E se a divida descender d'alguú malefício, ou casi malefício, em que alguem fosse condapnado, em tal caso deve esse devedor geeralmente seer preso, ataa que pague da cadea. E por tanto Dizemos, que se algúa cousa fosse posta em guarda ou condesilho a alguem, e elle despois recusasse de a entregar ao Senhorio sem justa, e liidima razom, ou fé usase della sem voontade expressa do Senhorio, em tal caso deve esse depositario seer preso, ataa que pague da Cadea, e entregue a cousa, e dãpno que em ella fez, pó se della usar sem voontade de seu dono, seendo delle querellado em forma de direito; porque todo aquelle, que fé usa da cousa, que lhe he posta em guarda e condesilho, sem voontade de seu Senhor, ou nom lha encontrando a todo tempo, que pêra ello he requerido, sém justa e liidima excusaçom, tal como este comete furto, e assi como ladrom deve seer preso, ataa que a entregue da Cadea; nem deve seer solto, ainda que pêra ello dê fiadores abastantes; nem por dar lugar aos beés, pois que he caso de malefício.[8]

Já em 1521 foram editadas definitivamente as Ordenações Manuelinas, as quais no Livro IV, Título 52, item 5, mantiveram a disciplina de punir o devedor que inadimplia sua obrigação contratual de depositário infiel, senão vejamos:

> (...) E por tanto sé algúa cousa fosse posta em guarda, e condesilho, e o depositario despois recusasse de a entreguar ao senhor sem justa e lidima razam, ou usasse della sem vontade expressa do Senhor, em taso deve elle depositário seer preso, atee que da cadea entregue a dita cousa e pague o dano que em ella fez por della usar contra vontade de seu dono e nom será solto posto que a ello dde fiadores, nem poderá dar luguar aos bens, porem sendo delle querelado em forma devida, averá a pena de bulram e inliçador.[9]

---

(8) Disponível em: <http://www1.ci.uc.pt/ihti/proj/afonsinas/l4237.htm> Acesso em: 1º dez. 2010.

(9) Disponível em: <http://www1.ci.uc.pt/ihti/proj/manuelinas/l4p127.htm> Acesso em: 1º dez. 2010.

A prisão civil do depositário contratual infiel, ao tempo das Ordenações Filipinas de 1603, era prevista no Livro IV, Título LXXVI, cuja regra era em tudo semelhante às ordenações anteriores, conforme abaixo se transcreve:

> Por dívida alguma cível privada, descendente de contracto, ou quase contracto, em que o devedor não tenha commettida malicia, não deve alguém ser preso antes de condenado por sentença diffinitiva, que passa em cousa julgada, osto que não tenha por onde pague, salvo sendo suspeito de fuga.
>
> 1. E sendo o devedor condenado por sentença que passe em cousa julgada, faça-se execução em seus bens. E não lhe achando bens que bastem para a condenação, seja preso e releúdo na Cadea até que pague. Porém, dano lugar aos bens na fôrma que por Direito deve, será solto, como se contem no Título 74.
>
> 2 a 4. *Omissis*.
>
> 5. E se a dívida descender de malefício, ou quasi-maleficio, em que alguém seja condenado, deve indistinctamente ser preso, até que pague da Cadea. *Por tanto se fosse alguma cousa posta em guarda, e deposito, e o depositário recusasse a entrega-la ao senhor sem justa, e legítima rasão, ou usasse della sem vontade expressa do senhor, deve ser preso até que da Cadea entregue a cousa, e pague o dano que nella fez por usar della contra vontade de seu dono.*
>
> E não será solto, posto que dê fiadores, nem poderá dar lugar aos bens. E sendo delle querelado em fôrma devida, haverá a pena de bulrão e inliçador. (sem grifos no original)(10)

Quando da declaração da independência do Brasil em 1822, as regras contidas nas Ordenações Filipinas continuaram a reger as relações civis e contratuais, exceto quanto às que comprometessem a soberania nacional e o regime político instituído.

1.3. Da evolução histórica da previsão da prisão civil do depositário infiel no Brasil

A Constituição outorgada de 1824 assegurou a inviolabilidade dos direitos civis e políticos dos cidadãos brasileiros, tendo por base, dentre outros, a liberdade. No seu art. 179, a carta constitucional nada versou sobre a proibição da prisão civil por dívidas, fazendo inserir a determinação programática de elaboração de um código civil e comercial o quanto antes. No entanto, é de bom alvitre se transcrever o inciso X dessa mencionada disposição legal, o qual dá poderes aos juízes de determinarem a prisão em causas não criminais por desobediência dos mandados judiciais, o que pode ser considerado como um embrião do *contempt of court* no Brasil, senão vejamos:

> X. A' excepção de flagrante delicto, a prisão não póde ser executada, senão por ordem escripta da Autoridade legitima. Se esta fôr arbitraria, o Juiz, que a deu, e quem a tiver requerido serão punidos com as penas, que a Lei determinar.
>
> O que fica disposto acerca da prisão antes de culpa formada, não comprehende as Ordenanças Militares, estabelecidas como necessárias á disciplina, e recrutamento

---

(10) Disponível em: <http://www1.ci.uc.pt/ihti/proj/filipinas/l4p892.htm> Acesso em: 30 nov. 2010.

do Exercito; nem os casos, que não são puramente criminaes, e em que a Lei determina todavia a prisão de alguma pessoa, por desobedecer aos mandados da justiça, ou não cumprir alguma obrigação dentro do determinado prazo.[11] (Sem grifos no original).

Somente com a edição do Código Comercial em 1850 e, especialmente, com o Regulamento n. 737, também de 1850, é que novas regras jurídicas passaram, no lugar das Ordenações Filipinas, a reger as relações comerciais e, posteriormente, com o Decreto n. 763, de 1890, também as de índole cíveis ou não comerciais, inclusive dispondo sobre o depósito e a prisão civil do depositário no capítulo II do título IV, aludindo, em pelo menos dois de seus artigos, o seguinte:

> Art. 269. A petição inicial deve consistir em requerer o autor que o réo em 48 horas, que correão no cartorio e da intimação judicial, entregue sob pena de prisão ou o deposito cuja quantidade e qualidade serão declaradas circumstanciadamente, ou o seu equivalente estimado pelo autor, sob juramento si não estiver declarado no contrato.
>
> Art. 275. Se o réo nada allegar dentro das 48 horas, autoada a petição inicial com, a conciliação, escriptura ou escripto de deposito, fé da citação, juramento do equivalente, no casos em que tem logar, e certidão do Escrivão de haverem decorrido as 48 horas sem contestação, serão os autos conclusos, e o Juiz mandará passar mandado de prisão ao qual nada obsta senão o deposito do equivalente.[12]

Na Constituição Federal de 1891[13], o art. 72 previa o direito à liberdade como garantia geral da declaração de direitos, entrementes, também não houve referência à proibição da prisão civil por dívida, nem, tampouco, à detenção do depositário contratual infiel. Cabe ressaltar, no entanto, que o art. 83 daquela Carta Magna estabelecia que continuavam em vigor as leis do antigo regime, desde que explícita ou implicitamente não contrariassem ao sistema de governo republicano e aos princípios gerais nela contidos.

O Código Civil de 1916 regulamentava os contratos de depósito voluntário e necessário no título V (das várias espécies de contrato), capítulo VI, sessões I e II, estabelecendo no art. 1.287 a prisão do depositário nos seguintes termos: "Seja voluntário ou necessário o depósito, o depositário que o não restituir, quando exigido, será compelido a fazê-lo, mediante prisão não excedente a 1 (um) ano, e a ressarcir os prejuízos".[14]

Na declaração de direitos contida na Constituição Federal de 1934, ficou estabelecido sem qualquer exceção no art. 113, § 30, que "ninguém será preso por dívidas, multas ou custas".[15]

---

(11) Disponível em: <http://www.planalto.gov.br/ccivil_03/constituicao/constituicao24.htm> Acesso em: 1º dez. 2010.

(12) Disponível em: <http://www.jusbrasil.com.br/legislação/103248/decreto-737-50> Acesso em: 1º dez. 2010.

(13) Disponível em: <http://www.planalto.gov.br/ccivil_03/constituicao/Constituicao91.htm> Acesso em: 30 nov. 2010.

(14) Disponível em: <http://www81.dataprev.gov.br/sislex/paginas/11/1916/3071.htm> Acesso em: 30 nov. 2010.

(15) Disponível em: <http://www.planalto.gov.br/ccivil_03/constituicao/Constituicao34.htm> Acesso em: 30 nov. 2010.

Assim como as Constituições de 1824 e de 1891, a Constituição Federal de 1937 estabelecia a garantia genérica da liberdade no seu art. 122, nada aludindo, porém, a respeito da proibição da prisão por dívidas.[16]

No livro IV (dos processos especiais), título XII (que se referia à ação de depósito), o Código de Processo Civil de 1939 previa a penalidade de prisão do depositário contratual infiel, nos seguintes termos:

> Art. 367. O autor na petição inicial, instruída com o documento de depósito, requererá a citação do réu para entregar, no prazo de quarenta e oito (48) horas, sob pena de prisão, o objeto depositado ou seu equivalente em dinheiro, declarado no título ou estimado pelo autor.
>
> Parágrafo único — *omissis*.
>
> Art. 369. Si o réu, nas quarenta e oito (48) horas seguintes à citação, não entregar ou não consignar o objeto depositado ou seu equivalente em dinheiro, o juiz expedirá mandado de prisão contra o depositário infiel, se o autor o requerer.[17]

Da análise do Código de Processo Civil de 1939, pode-se verificar ainda que o legislador fez distinção entre os depositários contratuais, os quais eram tratados nos artigos acima destacados, e os depositários judiciais de bens penhorados, que eram regrados no art. 945, inclusive deixando claro que terceiros poderiam assumir o encargo, porém, nada versando especificamente sobre sua prisão, senão vejamos:

> Art. 945. Se o exequente não convier que fique como depositário o próprio executado, os bens penhorados depositar-se-ão da seguinte forma:
>
> I – no Banco do Brasil ou na Caixa Econômica, ou, à falta de agências no lugar, em qualquer estabelecimento congênere acreditado, as quantias de dinheiro, as pedras e metais preciosos e os papéis de crédito;
>
> II – em mão do depositário público, os móveis, semoventes e imóveis, se ao juiz não parecer conveniente que fique como depositário o próprio executado;
>
> III – em mãos de depositário particular quando não haja, na séde do juízo, deposito público ou estabelecimento bancário.[18]

É bem de ver que o referido Código de Processo Civil de 1939 previa claramente a prisão do devedor de alimentos, *in verbis*:

> Art. 920. Quando não for possível o desconto na forma do artigo anterior, ou quando o devedor não pertencer a qualquer das categorias nele enumeradas, o não cumprimento de prestação alimentícia será punido com prisão, decretada pelo juiz cível.[19]

---

(16) Disponível em: <http://www.planalto.gov.br/ccivil_03/Constituicao/Constitui%C3%A7ao 37.htm> Acesso em: 30 nov. 2010.

(17) Disponível em: <http://www.planalto.gov.br/ccivil/Decreto-Lei/1937-1946/Del1608.htm> Acesso em: 30 nov.2010.

(18) *Idem*.

(19) *Idem*.

A Constituição Federal de 1946 ditava no seu art. 141, § 32, que: "Não haverá prisão civil por dívida, multa ou custas, salvo o caso do depositário infiel e o de inadimplemento de obrigação alimentar, na forma da lei."[20]

O art. 150, § 17, da Constituição Federal de 1967[21] e o art. 153, § 17, da Emenda Constitucional n. 1, de 17 de outubro de 1969[22], mantiveram a literalidade da redação da carta constitucional de 1946, no que tange à proibição de prisão civil por dívida e suas hipóteses exceptivas.

Quanto à idêntica redação do preceptivo constitucional das Constituições de 1946 e 1967, além da EC n. 1/1969, merece destaque a expressão "na forma da lei" que se segue às exceções do depositário infiel e do alimentante, a qual funcionava como uma reserva legal franqueada ao legislador ordinário para disciplinar o procedimento jurídico para se decretar os confinamentos pessoais constitucionalmente autorizados, mas jamais para promover a ampliação conceitual daquelas formas significativas, considerando, inclusive, o teor proibitivo que a regra geral impunha ao poder público.

Sem embargo, o legislador ordinário, aproveitando-se dessa reserva legal conferida pela Constituição, promoveu, através do art. 66, da Lei n. 4.728, de 14. 7.1965, com a redação dada pelo Decreto-lei n. 911/67, a equiparação do alienante-fiduciário ao depositário infiel para fins de prisão civil, ampliando ilegalmente as hipóteses exceptivas do postulado constitucional proibitivo em comento, o que gerou diversas prisões civis constitucionalmente injustificáveis.

O Código de Processo Civil de 1973[23] distingue muito claramente as figuras do depositário contratual e do depositário judicial, atribuindo a este último a função de auxiliar da justiça (arts. 139 e 148/150), o que denuncia o *múnus público* por si desempenhado no exercício daquele mister, afastando do âmbito do direito privado aquela relação jurídica assumida para, indubitavelmente, introduzi-la na seara do direito público.

Não bastassem as normas conceituais do depositário judicial contidas no CPC de 1973, a separação do tratamento jurídico concernente aos depositários civis ou contratuais e os depositários judiciais comprova-se pelo fato de essa lei ordinária prever em dois dispositivos diferentes a prisão civil dessas figuras.

Tratando dos procedimentos relativos à penhora, o CPC de 1973, com as alterações dadas pela Lei n. 11.382/2006, prevê a prisão do depositário judicial, senão vejamos:

---

(20) Disponível em: <http://www.planalto.gov.br/ccivil_03/Constituicao/Constitui%C3%A7ao 46.htm> Acesso em: 30 nov. 2010.

(21) Disponível em: <http://www.planalto.gov.br/ccivil_03/Constituicao/Constitui%C3%A7ao 67.htm> Acesso em: 30 nov. 2010.

(22) Disponível em: <http://www.planalto.gov.br/ccivil/Constituicao/Emendas/Emc_anterior1988/emc01-69.htm> Acesso em: 30 nov. 2010.

(23) Disponível em: <http://www.planalto.gov.br/ccivil_03/Leis/L5869.htm> Acesso em: 1º dez. 2010.

> Art. 666. *omissis*.
>
> §§ 1º e 2º *omissis*.
>
> § 3º A prisão do depositário judicial será decretada no próprio processo, independente de ação de depósito. (incluído pela Lei n. 11.382/2006).

Por sua vez, disciplinando a ação de depósito, ou seja, verberando sobre o remédio jurídico-processual de que dispõe o depositante em face do depositado pelo inadimplemento do contrato de depósito, o CPC de 1973 prevê o seguinte:

> Art. 904. Julgada procedente a ação, ordenará o juiz a expedição de mandado para a entrega, em 24 (vinte e quatro) horas, da coisa ou do equivalente em dinheiro.
>
> Parágrafo único. Não sendo cumprido o mandado, o Juiz decretará a prisão do depositário infiel.

A Constituição Federal de 1988 estabeleceu no seu art. 5º, LXVII, a proibição da prisão civil por dívida, nos seguintes termos: "não haverá prisão civil por dívida, salvo a do responsável pelo inadimplemento voluntário e inescusável de obrigação alimentícia e a do depositário infiel"[24].

Cumpre destacar o sentido das diferenças de redação dos preceptivos constitucionais referentes à proibição da prisão civil por dívida, contidos nas Constituições imediatamente anterior e na atual.

O primeiro ponto a se realçar é que a Constituição de 1988 omitiu a expressão "na forma da lei", então presente nas cartas constitucionais anteriores, o que, por um lado, acabou com qualquer tipo de reserva legal permitida ao legislador ordinário, evitando novas distorções como as já mencionadas, e, por outro, declarou o dispositivo autoaplicável.

O segundo registro digno de nota é que o legislador constituinte de 1988 aumentou a proteção da liberdade individual do alimentante, pois, enquanto antes, para se fundamentar o seu decreto prisional, era necessário apenas o não pagamento da obrigação alimentar, atualmente se exige que o mesmo inadimplemento seja qualificado de voluntário e inescusável.

1.4. Sanção x coerção

No exercício de seu mister, o Estado/juiz é dotado de uma *vontade sancionatória abstrata*[25] que se faz concreta durante a via executiva, cuja finalidade maior é a de pacificação social pela entrega da tutela específica ou do resultado prático equivalente à lesão declarada na sentença.

---

(24) Disponível em: <http://www.planalto.gov.br/ccivil_03/Constituicao/constitui%C3%A7ao.htm> Acesso em: 30 nov. 2010

(25) Essa expressão é atribuída a Liebman por Cândido Rangel Dinamarco. *Op. cit.*, p. 109.

Enquanto sanção, o ordenamento prevê uma série de medidas executivas para se adentrar à esfera individual do devedor, propiciando a realização do direito subjetivo diretamente através de técnicas de sub-rogação ou compelindo-o a adimpli-lo através de medidas de coerção.

A sanção estatal pode ser de índole material ou processual. Conforme Dinamarco[26], as primeiras atingem a obrigação em si, modificando (agravando) a situação jurídica pretérita, já as segundas não alteram de forma alguma a relação substancial, tampouco a substitui, interferindo nela apenas para resguardar-lhe a efetividade, o que a torna indissociável à ideia de sujeição e coerção.

A coerção, entendida como pressão psicológica infringida ao devedor para o cumprimento de uma prestação obrigacional ou de um dever legal, possui, segundo Marcelo Lima Guerra[27], características que lhe são peculiares e distintivas da sanção material.

A primeira característica a ser acentuada às medidas coercitivas é seu caráter processual ou jurisdicional, devendo ser empregadas na fase executiva ou, excepcionalmente, em sede de tutela antecipada, palcos em que o juiz deve analisar sua adequação, necessidade e utilidade. É bem de ver que as sanções materiais são tipificadas no próprio contrato pelas partes, cabendo ao juízo executá-la como título executivo em si e não como técnica de coerção.

Por outro lado, inexiste na essência das medidas coercitivas qualquer traço ressarcitório ou reparatório, daí porque podem ser cumuladas com indenização por perdas e danos pelo inadimplemento da obrigação, ainda que de conteúdo não patrimonial. Essa característica as diferencia, por exemplo, das cláusulas penais contidas nos mais diversos contratos.

Também não há nas medidas coercitivas qualquer elemento ou finalidade punitiva, diferenciando-a das sanções penais, cíveis e administrativas, ainda que estas possam ser desprovidas de caráter ressarcitório no caso concreto, pois as primeiras visam à prática de um ato conforme o direito e as últimas são consequenciais à prática de um ato contrário ao direito.

Por outro lado, ao passo em que as medidas coercitivas cessam no momento em que o ato é praticado ou quando não mais é possível praticá-lo, nas sanções penais o devedor cumprirá todo o hiato da condenação, quer repare ou não a ofensa cometida, guardando duplo caráter retributivo e educativo.

Nesse contexto, a prisão civil nada tem de pena, no sentido criminal da expressão. Com efeito, não se trata de punição ao devedor, tampouco existe qualquer caráter retributivo, como é característico à prisão penal, traduzindo-se, verdadeiramente, como

---

(26) *Op. cit.*, p. 240-241.
(27) *Execução indireta.* São Paulo: Revista dos Tribunais, 1999. p. 35-37.

meio coercitivo para compelir o sujeito vinculado ao cumprimento da obrigação civil ou do dever legal.

Conforme propala Araken de Assis[28], o direito comparado cunhou três grandes expedientes de medidas coercitivas, a saber, as *astreintes* do direito francês, o regime misto do direito alemão e o *contempt of court* da família da *common law*.

Construída na jurisprudência francesa, a *astreinte* foi abraçada pelo sistema brasileiro no art. 461, § 4º, do CPC, tratando-se de meio coercitivo a ser aplicado nas execuções de títulos judiciais ou extrajudiciais, consistente em cominação de multa diária (ou em outra unidade de tempo) que visa compelir o devedor ao cumprimento da obrigação *in natura*, sendo marcada pela ausência de limites temporais para seu cômputo e aplicação.

No regime misto alemão, compele-se o devedor de obrigação não patrimonial ao pagamento de uma multa pecuniária por dia de atraso correspondente a uma quantia fixa em dinheiro em prol do Estado e, caso insuficiente para pressionar psicologicamente o devedor a adimplir sua obrigação, pode ser substituída pela ameaça de prisão, ficando limitados a um teto máximo, porém, o valor da multa e o tempo de confinamento. Obtempere-se que, nesse ordenamento jurídico, há previsão de diferenciados procedimentos executivos sub-rogatórios, sendo um para cada categoria de direito subjetivo violado, reservando-se a execução indireta por meios coercitivos às obrigações de fazer infungíveis e de não fazer.

O *contempt of court*, a ser detalhado no item subsequente, decorre do desacato e desobediência a ordens judiciais e é tratado no direito anglo-americano como o instrumento mais eficaz para garantir efetividade aos provimentos mandamentais e resguardar o *contempt power*, isto é, a dignidade do exercício da função jurisdicional.

1.5. Do contempt of court

1.5.1. Breve histórico

O *contempt of court*, derivado da expressão romana *contempt of curiae*, enraizou-se nos países da família jurídica *common law*, figurando com destaque no direito inglês e nos países cuja sua influência é determinante, com vistas a resguardar a dignidade e eficácia do próprio exercício da atividade jurisdicional, assegurando a execução específica das decisões judiciais.[29]

Na verdade, tal qual atualmente concebido no direito anglo-saxão, o instituto se trata de uma derivação das *oferhyrnes*, que consistiam na violação da paz pessoal do Rei (e, pois, em *contempt of the king*), a qual era punível com uma das mais multas

---

(28) *Manual do processo de execução*. 7. ed. São Paulo: Revista dos Tribunais, 2001. p. 121.

(29) Nesse sentido, Marcelo Lima Guerra. *Op. cit.*, p. 71-74.

pagáveis à autoridade real, considerada, não apenas como fonte exclusiva da justiça e do direito, mas também como juiz efetivo e presente nos tribunais.[30]

Na Inglaterra, a primeira referência que se tem do *contempt of court* remota ao ano de 1187, quando o réu não atendeu a um mandado de citação. No entanto, sua configuração básica é atribuída ao voto do juiz do Wilmot em libelo envolvendo o livreiro Almon contra o *chief of justice* Lord Mansfield, a partir do qual foi utilizado para prender e multar quem infringisse a autoridade judicial. Na América, o *Judicial Act* de 1789, alterado em 1821, atribuiu idêntica competência aos tribunais americanos, a qual foi sistematicamente acolhida pela suprema corte.[31]

É bem de ver que no sistema *common law* há nítida separação entre os *money judgements* (condenações em pecúnia) e os *other than money judgements* (condenações não pecuniárias — obrigações de fazer, não fazer e de entregar coisa). Naqueles, vige o princípio da tipicidade da tutela executiva, de modo que a execução se processa através dos procedimentos executivos estabelecidos em lei. Nos últimos, cabe ao juiz identificar no caso concreto a tutela executiva mais adequada, dizendo-se que a mesma se processa através do *contempt power* judicial.[32]

No Brasil, completando a aproximação com o direito anglo-americano feita na reforma do Código de Processo Civil (CPC) em 1994, que colimou a implementação das técnicas de tutela específica, o *contempt of court* foi introduzido explicitamente no ordenamento jurídico através da Lei n. 10.538/2001, que deu nova redação ao art. 14 do CPC:

> Art. 14. São deveres das partes e de todos aqueles que de qualquer forma participam do processo:
>
> I – expor os fatos em juízo conforme a verdade;
>
> II – proceder com lealdade e boa-fé;
>
> III – não formular pretensões, nem alegar defesa, cientes de que são destituídas de fundamento;
>
> IV – não produzir provas, nem praticar atos inúteis ou desnecessários à declaração ou defesa do direito;
>
> V – cumprir com exatidão os provimentos mandamentais e não criar embaraços à efetivação de provimentos judiciais, de natureza antecipatória ou final.
>
> Parágrafo único. Ressalvados os advogados que se sujeitam exclusivamente aos estatutos da OAB, a violação do disposto no inciso V deste artigo constitui ato atentatório ao exercício da jurisdição, podendo o juiz, sem prejuízo das sanções criminais, civis e processuais cabíveis, aplicar ao responsável multa em montante a

---

(30) *Ibidem*, p. 75-78.

(31) Conforme Araken de Assis, em *O contempt of court no direito brasileiro*, p. 02. Disponível em: <http://www.notadez.com.br/content/noticias.asp?id=12545> Acesso em: 30 ago. 2010.

(32) Conforme GUERRA, Marcelo Lima. *Op. cit.*, p. 71-72.

ser fixado de acordo com a gravidade da conduta e não superior a vinte por cento do valor da causa; não sendo paga no prazo estabelecido, contado do trânsito em julgado da decisão final da causa, a multa será inscrita sempre como dívida ativa da União ou do Estado.

No que se refere à observância de um compromisso ético no processo, esse dispositivo introjeta, conforme Luiz Rodrigues Wambier[33], uma sensível aproximação com a responsabilidade objetiva de partes, procuradores e terceiros sujeitados ao cumprimento a um comando judicial mandamental prolatado, já que se prescinde da comprovação da culpa para sua decretação.

1.5.2. Conceituação e importância

Etimologicamente, em uma tradução livre, *contempt of court* que dizer desrespeito, desacato ou atentado à corte e, nas palavras de Paulo Afonso Brum Vaz[34], funciona, na sua essência, como:

> (...) permissão ao juiz, em decorrência do poder de coerção (*coertio*) contido na jurisdição, de ordenar a prisão das partes ou de seus advogados, diante da prática de atos considerados atentatórios à respeitabilidade, à autoridade e à dignidade do Poder Judiciário, impondo, por assim dizer, limites de ética e decência no curso do processo e cumprindo o dever de zelar pela efetividade de suas determinações.

Ada Pelegrini Grinover[35] ratifica a importância do instituto em epígrafe, aludindo que:

> A origem do *contempt of court* está associada à ideia de que é inerente à própria existência do Poder Judiciário a existência de meios capazes de tornar eficazes as decisões emanadas. É inconcebível que o Poder Judiciário, destinado à solução de litígios, não tenha o condão de fazer valer os seus julgados. Nenhuma utilidade teriam as decisões, sem o cumprimento ou efetividade. Negar instrumentos de força ao Poder Judiciário é o mesmo que negar sua existência.

É bem de ver, portanto, que o *contempt of court* é um instituto bastante complexo, pois visa não somente à preservação da autoridade judicial, mas também atribuir eficácia específica aos provimentos jurisdicionais de natureza mandamental, servindo de medida de apoio aos casos em que há uma ordem judicial não pecuniária a não cumprida.

---

(33) O contempt of court *na recente experiência brasileira*: anotações a respeito da necessidade premente de se garantir efetividade às decisões judiciais. Disponível em: <http://www.cenajus.org/moodle/mod/forum/discuss.php?d=229> Acesso em: 30 ago. 2010.

(34) O contempt of court no novo processo civil. In: *Revista de Processo Civil*, Curitiba, n. 32, p. 337, abr./jun. 2004.

(35) Ética, abuso do processo e resistência às ordens judiciárias: o contempt of court. In: *Revista de Processo*, São Paulo, RT, ano 26, n. 102, p. 222, abr./jun. 2001.

1.5.3. Classificação

A maior parte da doutrina[36] classifica os diferentes casos de *contempt of court*, distinguindo-os em três quadrantes principais: direto ou indireto; civil ou criminal; cometido pelas partes ou por terceiro.

Em regra, somente quem é parte no processo comete a conduta de *contempt of court*, no entanto, conforme já acima ventilado, a disciplina do art. 14, V, parágrafo único, do CPC, atribui um dever jurídico público não só às partes e seus procuradores, mas também a terceiros, de se comportarem eticamente no processo não criando embaraço ao cumprimento das ordens judiciais.

De grande importância prática é a diferença entre o *contempt of court* direto (*in face of the court*) ou indireto (*constructive contempt*), pois, dependendo da hipótese, seu cometimento importará em punição sumária (*sumary proceeding*) ou ensejará maiores formalidades para sua aplicação, inclusive com especial atenção à ampla defesa.

Diferentemente do que se possa imaginar, a distinção entre o criminal *contempt of court* e o civil *contempt of court* não reside no fato de ser cometido em processos da jurisdição penal e civil, respectivamente. Com efeito, ambas as hipóteses podem ser praticadas independente do ramo do judiciário desacatado, pois o critério distintivo reside na finalidade com que a violação da conduta é sancionada pelo juiz.

Se com a cominação se busca a punição efetiva do infrator da ordem judicial, está-se diante de um *criminal contempt of court*; por outro lado, se a sanção prolatada visa compelir coercitivamente o *contemnor* ao cumprimento do provimento mandamental, caracteriza-se o *civil contempt*.

Para boa compreensão da diferença, é feliz a inflexão de Marcelo Lima Guerra[37] quando diz que o *criminal contempt* volta-se ao passado para punir a conduta, já na impossibilidade material de se cumprir o provimento jurisdicional (como, por exemplo, a exibição de um programa televisivo anteriormente proibido por decisão judicial), enquanto o *civil contempt* dirige-se ao futuro para compelir o recalcitrante à prática do ato comissivo ou omissivo ordenado judicialmente.

Por outro lado, enquanto a penalidade de prisão civil no *criminal contempt* deve ser cominada com a fixação de prazo determinado, diz-se que o mesmo não ocorre no *civil contempt* diante do seu caráter eminentemente coercitivo, pois, nessa hipótese, observados os limites previstos no sistema jurídico e o necessário temperamento do

---

(36) Por todos vejam-se: GUERRA, Marcelo Lima de. *Op. cit.*, p. 93-99; ASSIS, Araken de. *O contempt of court no direito brasileiro*. Disponível em: <http://www.notadez.com.br/content/noticias.asp?id=12545> Acesso em: 30 ago. 2010, p. 02-03; e SILVA, Osmar Vieira da. *O contempt of court (desacato à ordem judicial) no Brasil*. In: Revista Jurídica da Unifil, São Paulo, ano IV, n. 04, p. 91-111.

(37) *Op. cit.*, p. 95-96.

princípio da proporcionalidade nos casos concretos, o *contemnor* é preso com a chave do cárcere, ficando lá até que voluntariamente cumpra a ordem judicial.[38]

Em rigor, é bem de ver que, enquanto as punições cominadas no *criminal contempt* são definitivas, as medidas de coerção empregadas no *civil contempt* podem ser transacionadas e devem ser afastadas quando impossível material ou juridicamente o cumprimento da ordem judicial, ou, ainda, caso sejam desproporcionais ou insuficientes ao seu mister. Nesse último caso, embora não haja a fixação de prazo a ser determinado na prisão coercitiva, a cominação é afligida por limites não só jurídicos, mas também lógicos.

1.5.4. Das sanções aplicáveis

O *contempt of court* engendra, basicamente, duas espécies de sanções, a saber: a multa e a prisão. No entanto, ainda há outros tipos de sanções como a perda de direitos processuais (contemplada no art. 601, do CPC) e o sequestro de bens do recalcitrante, que, na lição de Marcelo Lima Guerra[39], é equiparável à prisão civil de empresa, tratando-se de medida extrema.

Sem dúvida que a cominação de multa é a modalidade mais comum de sanção aplicável ao *contempt of court* civil ou criminal, porquanto se prefira, em respeito à dignidade da pessoa humana do *contemnor*, imolar seu patrimônio em detrimento de sua pessoa.

A multa pode ser coercitiva ou condicional, sendo passível de ser levantada na hipótese de cumprimento da obrigação ou da ordem judicial, ou, ainda, compensatória ou definitiva, na qual predomina o caráter repressivo.

O sistema jurídico brasileiro abraça claramente a multa como o meio coercitivo por excelência para as hipóteses de *contempt of court* e de cumprimento das tutelas específicas relativas às obrigações de fazer, não fazer e de entregar coisa, conforme se observa dos arts. 14, V, parágrafo único, 287, 461, § 4º, 461-A, § 3º, 644 e 645, todos do CPC, aproximando-se da disciplina das *astreintes* do direito gaulês.

Em princípio, não se cogita da aplicação de multa nas execuções de obrigações de pagar quantia certa. Nesses casos, diz-se que a recalcitrância não seria em relação

---

(38) Tal qual é atribuída ao juiz Sanborn na decisão em *Re Nevitt* em 1902, é evidente que não deve ser interpretada literalmente essa máxima do direito inglês segundo a qual ao preso "is said to have the keys to the jail in his pocket". Mesmo no *common law*, a prisão em *civil contempt* é temperada pelo princípio da proporcionalidade, sendo que desde o *Contempt of Court Act* de 1981 não é mais admissível a prisão por tempo indeterminado, tendo sido fixado o prazo de dois anos como limite máximo. A esse respeito, vejam-se os relatos de Marcelo Lima Guerra, op. cit., p. 98 e de Araken de Assis, *O contempt of court no direito brasileiro*. Disponível em: <http://www.notadez.com.br/content/noticias.asp?id=12545> Acesso em: 30 ago. 2010, p. 03.

(39) *Contempt of court: efetividade da jurisdição federal e meios de coerção no código de processo civil e prisão por dívida — tradição no sistema anglo-saxão e aplicabilidade no direito brasileiro*, p. 318. Disponível em: <http://cfj.jus.br/revista/seriecadernos/vol23/artigo15.pdf> Acesso em: 30 ago. 2010.

à sentença condenatória em si, mas se revela a mesma registrada anteriormente ao processo e que se opunha ao cumprimento da obrigação, devendo se seguir os parâmetros da execução forçada a partir do princípio da tipicidade das formas executivas sub-rogatórias.

Sem embargo, há aspectos na execução de pagar quantia certa que parte da doutrina considera a multa não só aplicável, mas como instrumento tendente a dar maior efetividade e celeridade ao trâmite executório.

Com efeito, a nomeação de bens à penhora é um componente ético tão importante aos olhos da dinâmica da tutela executiva que o ordenamento pátrio pune a conduta omissiva como ato atentatório à dignidade da justiça (art. 600, IV, do CPC). Ora, se é possível estabelecer multa cominatória pela conduta omissiva, como maior razão é factível se impor multa coercitiva para pressionar psicologicamente o devedor a cumprir sua obrigação processual. É bem de ver que essas sanções, possuindo pressupostos diferentes, poderiam ser cumuláveis, já que no primeiro caso não há qualquer indício de interesse em forçar o devedor a nomear os bens à penhora, mas apenas de puni-lo pela conduta omissiva.[40]

Nada obstante sua vasta aplicabilidade na jurisdição brasileira, a multa coercitiva encontra seu limite teleológico na capacidade econômica do devedor[41], pois se o mesmo não detém idoneidade financeira para arcar com o pagamento da cominação, a técnica de coerção em apreço se demonstra inteiramente ineficaz para impactá-lo e formar seu convencimento no sentido de que é melhor cumprir a determinação judicial do que arcar com mais esse ônus.

Em que pese às controvérsias jurisdicionais e doutrinárias a respeito, parece-nos evidente que a prisão civil como forma coercitiva de cumprimento de decisões judiciais não foi sonegada pelo legislador constitucional, pois o art. 5º, LVXII, remete apenas a uma de suas espécies, vale dizer, a prisão civil por dívida.

Nesse viés, basicamente há dois sentidos[42] que podem ser empregados à expressão "dívida", interpretando-a, em sentido estrito, como sinônimo de obrigação patrimonial ou, em sentido amplo, como toda e qualquer modalidade de obrigação civil[43].

---

(40) Idêntico pensar é o de Marcelo Lima Guerra, op. cit., p. 187-188.

(41) Nesse mesmo sentido, veja-se MARINONI, Luiz Guilherme. *Tutela Inibitória:* individual e coletiva. 4. ed. São Paulo: Revista dos Tribunais, 2006. p. 218-219, e ARENHART, Sérgio Cruz. *A tutela inibitória na vida privada.* São Paulo: Revista dos Tribunais, 2000. p. 194-195.

(42) A esse propósito, veja-se GUERRA, Marcelo Lima. Op. cit., p. 244.

(43) Entendendo pelo sentido amplo: TALAMINI, Eduardo. Ainda sobre a prisão como execução indireta: a criminalização da desobediência às ordens judiciais. In: SHIMURA, Sérgio; WAMBIER, Teresa Arruda Alvim (Coords.). *Processo de execução.* Série Processo de execução e assuntos afins. v. 2. São Paulo: Revista dos Tribunais, 2001. p. 279-313; SILVA, Ovídio Baptista da. *Op. cit.,* p. 342; e MEDINA, José Miguel Garcia. *Execução civil:* princípios fundamentais. São Paulo: Revista dos Tribunais, 2002. p. 339.

Marcelo Lima Guerra diz, textualmente, que:

> Realmente, encarada a prisão civil como um importante meio de concretização do direito fundamental à tutela efetiva e não apenas como uma odiosa lesão ao direito de liberdade, uma exegese que restrinja a vedação do inc. LXVII do art. 5º da CF aos casos de prisão por *dívida em sentido estrito* preserva substancialmente a garantia que essa vedação representa, sem eliminar totalmente as possibilidades de se empregar a prisão civil como medida coercitiva para assegurar a prestação efetiva de tutela jurisdicional.[44]

Não há dúvida de que as exceções contidas no art. 5º, LXVII, denunciam que o legislador está se referindo à dívida no sentido obrigacional, seja de pagar quantia (como no caso do alimentante), seja de entregar coisa (no caso do depositário infiel).

Em ambas perpassa evidente a ideia do vínculo obrigacional que concerne à figura do devedor, nada se aludindo a hipóteses de descumprimento de relações de direito público em afronta ao *ius imperium* estatal e a autoridade do direito.

O direito fundamental de acesso à justiça somente é acolhido em sua fundamentalidade se houver a máxima correspondência entre a tutela executiva prestada e aquela invocada na petição inicial, devendo ser disponibilizado ao juiz os meios necessários, adequados e razoáveis à efetiva entrega da prestação jurisdicional em concreto.

A interpretação que acolhe a expressão *dívida* em sentido amplo promove a colisão de direitos fundamentais de igual hierarquia, a saber, a liberdade individual e as garantias de acesso à justiça e de uma tutela jurisdicional efetiva, resolvendo-se a antinomia, antecipada, apriorística e disjuntivamente, em favor do primeiro deles, malgrado se compreenda que, diante de conteúdos principiológicos tensionados, devam incidir as máximas da concordância prática de tais preceptivos, consagrando-se a unidade e supremacia da Constituição a partir de uma interpretação conforme o seu texto.

Nessa perspectiva, o art. 461, § 5º, do CPC, ao romper com o princípio da tipicidade da previsibilidade ou tipicidade das formas de tutelas executivas, substituindo-o pelo princípio da liberdade do juiz na escolha da tutela executiva adequada à resolução dos casos concretos relativos às obrigações de fazer, não fazer e de entregar coisa certa, consagra a efetiva garantia constitucional de acesso à justiça, oferecendo manancial jurídico suficiente para, em hipóteses extremas, fundamentar a prisão civil do recalcitrante ao cumprimento de provimentos jurisdicionais de natureza mandamental.

---

(44) *Op. cit.*, p. 244-245.

Capítulo II
As Espécies de Depositário e sua Prisão Civil

2.1. Da natureza das coisas e dos signos como referência ao estudo das espécies de depósito

Só é plausível a afirmação de que a ciência jurídica é uma das ciências do espírito quando o jurista se esforça para atingir o verdadeiro sentido e a correta compreensão dos preceitos jurídicos, conforme adverte o germânico Karl Engisch.[45]

Sem embargo, tanto na tarefa hermenêutica de explicar quanto na de compreender, revela-se fundamental o estudo do sentido da natureza das coisas, a fim de permitir o exame das condições aglutinadoras que dão identidade e significado aos objetos em geral e às instituições jurídicas em particular, servindo-lhes como método eficaz de interpretação, integração e aplicação dos seus conteúdos.

O positivismo jurídico nega que a natureza das coisas (*Natur der Sache*) parta de uma dimensão anterior à norma e inerente ao ser, mas entende que os conceitos são frutos de verdadeira e própria construção jurídica e, pois, nascidos sob o âmago da normatividade.

Já o jusnaturalismo repercute que a ideia de que a natureza das coisas é um pressuposto extranormativo do Direito, concebido como algo prévio à dimensão normativa do fenômeno jurídico e que se constituiria, portanto, em fonte das fontes do direito.

Parece-nos, realmente, que não se pode negar essa dimensão apriorística das coisas passíveis de regulação jurídica, sem que se prejudique a sua conexão com a realidade e se caia em um artificialismo jurídico tendente a atrofiar o alcance, a eficácia e a aplicação prática das instituições do Direito.

Para Pablo Lucas Verdú[46], estribado nas lições de Henkel, a natureza das coisas comporta pressupostos do homem ou legalidades ontológicas estabelecidas na ordem

---

(45) *Introdução ao pensamento jurídico*. 10. ed. Lisboa: Fundação Calouste Gulbenkian, 2008. p. 128.

(46) Em *O sentimento constitucional*. Aproximação ao estudo do sentir constitucional como modo de integração política. Trad. de: Agassiz Almeida Filho. Rio de Janeiro: Forense, 2004. p. 235.

do ser e que possuem índole constante e invariável, além de pressupostos socioculturais caracterizados por estruturas transformadoras de situações, relações e instituições sociais criadas pelo próprio homem. Para que os últimos sejam pressupostos do Direito, hão de formar uma ampla unidade com os primeiros.

Como diz Raimundo Bezerra Falcão[47]:

O ser conceptual não se reduz a simples palavras, arbitrariamente aplicadas às coisas. Os conceitos são conhecimentos de realidade e nela se baseiam. Não seriam numa substância universal, porém nas coisas individuais. Os conceitos são sinais naturais. As palavras, somente sinais arbitrariamente instituídos "para significar mais coisas".

O direito não possui uma linguagem própria, mas se expressa e se define a partir de uma metalinguagem composta por signos linguísticos que se relacionam, conforme ensina Luís Alberto Warat, através de um jogo sistêmico de solidariedade e diferenças na cadeia linear enunciativa, construindo-se o sentido por meio de uma realidade bifásica entre o significante, indício material situado no plano da expressão, e o significado que se ubíqua no plano da interação.[48]

Luís Alberto Warat, em consonância com a doutrina de Adam Schaff, professa também que os signos linguísticos podem ser naturais, os quais independem da ação humana e são interpretados *ex post* como signos de algo, e convencionais, que são adaptados por uma convenção de uso. Naqueles, empreendem-se investigações experimentais para se identificar a relação entre significante e significado. Nos últimos, as inferências de sentido defluem das regras de uso e implicações lógicas.[49]

Esse jurista portenho aponta ainda, a partir do legado do professor genebrino Ferdinand Saussure, que os signos linguísticos possuem quatro propriedades, a saber, a arbitrariedade, a linearidade, a imutabilidade e a mutabilidade.[50]

A arbitrariedade consiste no caráter imotivado da relação entre significante e significado que, por isso, é chamada de arbitrária. Essa propriedade, no entanto, não é absoluta, senão apenas relativa, pois o autor do texto ou do discurso não pode modificar a realidade diacrônica e bifásica existente entre significante e significado, que é unanimemente aceita e implicitamente convencionada pelo grupo linguístico.

A linearidade remete-nos ao princípio da discrição, isto é, a ideia de que toda unidade linguística possui um único valor, sem sentidos intermediários, que se combinam linearmente com outros signos para formar um sintagma.

---

(47) Em *Hermenêutica*. São Paulo: Malheiros, 2004. p. 54.
(48) *O direito e a sua linguagem*. 2. ed. Porto Alegre: Sergio Antônio Fabris, 1995. p. 24-25.
(49) *Ibidem*, p. 24.
(50) *Ibidem*, p. 26-28.

A imutabilidade dos signos relaciona-se diretamente com o caráter relativo da arbitrariedade, estabelecendo a existência de uma *herança comunicacional*[51] que desautoriza imprecações abusivas e substitutivas da relação significante/significado original.

Finalmente, a mutabilidade dos signos é a propriedade dos signos que permite o desvio da relação significante/significado a partir do seu uso interativo e dinâmico com influência de fatores históricos e sociais alteradores da concepção significativa original. Um exemplo clássico dessa propriedade é o significado de mulher honesta na década de 1940, quando foi publicado o Código Penal, e o que é concebido atualmente.

Não se permite, portanto, que o autor de um texto artificialize de forma quixotesca e apriorística a significação de um objeto ou instituto jurídico ao arrepio de sua realidade ontológica, pois as coisas, os objetos e as modalidades jurídicas em geral possuem uma autonomia hermenêutica particular que deflui de suas formas significativas convencionais, constituindo-se a linguagem, na expressão de Hans-Georg Gadamer[52], "no meio pelo qual se realiza o acordo dos interlocutores e o entendimento sobre a coisa".

Da mesma forma que a geometria, por exemplo, não pode equiparar o círculo ao triângulo ou o quadrado ao retângulo, dada às suas formas significativas próprias, também na ciência jurídica não deve haver qualquer arbítrio hermenêutico tendente a transformar, equiparar ou uniformizar o sentido e a disciplina de modalidades naturalmente diferentes, sob pena de se empreender gravíssimas distorções.

Nada obstante as recomendações da doutrina da natureza das coisas, o legislador brasileiro equiparou as diferentes espécies de depositário fiel positivadas, emprestando-lhes um caráter contratual uniforme, o que proporcionou, por anos a fio, a prisão do alienante fiduciário, inobstante não possuísse rigorosamente a feição de um depositário e que hoje é responsável pela total vedação da determinação de retenção pessoal por dívida, prejudicando a possibilidade de decretação do confinamento do depositário judicial de bens penhorados, malgrado seu fundamento em nada esteja relacionado com a dívida material, na medida em que consiste, tão somente, em um ato próprio da fase executória do processo, estribando-se em princípios basilares do Estado Democrático de Direito, quais sejam, os da soberania estatal, da dignidade do exercício do Poder Jurisdicional e da supremacia da constituição.

2.2. Da natureza dos fatos jurídicos como referência ao estudo das espécies de depósito

Antes de adentrarmos ao estudo das espécies de depósitos em si, vejamos as classificações dos diversos fatos jurídicos, isto é, dos fatos existentes no mundo que, valorados pela regra jurídica, adentram ao mundo do Direito, ganhando validade e/ou eficácia.

---

(51) Expressão de WARAT, Luís Alberto. *Op. cit.*, p. 27.

(52) *Verdade e método*. Traços fundamentais de uma hermenêutica filosófica. 3. ed. Petrópolis: Vozes, 1999. p. 559-560.

2.2.1. Mundo dos fatos e mundo do Direito

Na medida em que se trata de um método de adaptação social necessário ao *homo socialis*[53], ao Direito interessa o que interfere na relação inter-humana. A partir dessa constatação, é possível inferir com Pontes de Miranda que o jurista trabalha com dois mundos distintos: o mundo fático, composto por todos os eventos e condutas humanas relevantes ou não à convivência social, e o mundo jurídico, correspondente à gama de fatos coloridos pela regra jurídica que incidiu em concreto, e que pode, dessarte, ser definido como sendo "a soma dos fatos jurídicos."[54]

É de se registrar que, quando o suporte fático da regra jurídica ainda é abstrato, isto é, enquanto o elemento fático constante da norma não incide em concreto, a hipótese continua na seara do mundo dos fatos, pois somente com a incidência da norma é que o fato adentra ao mundo jurídico, pois, de acordo com Pontes de Miranda[55], "fato jurídico é o que fica do suporte fático suficiente, quando a regra jurídica incide e porque incide".

Nessa perspectiva, para a compreensão desse fenômeno, permanece atual a concepção pontiana de que o mundo jurídico é composto por três planos distintos, quais sejam, o da existência, o da validade e o da eficácia.[56]

No plano da existência, a inferência que se faz diz respeito à composição suficiente do suporte fático, isto é, objetiva-se saber se os fatos ou eventos reuniram em concreto os elementos necessários previstos na norma para adentrarem na ordem do ser jurídico, sendo irrelevantes, a essa altura, perquirições sobre licitude ou eficácia.

Partindo-se das premissas de que o fato jurídico existe, ou seja, de que adentrou ao plano da existência e de que a manifestação da vontade é o elemento nuclear à concretização do seu suporte fático[57], para se vingar ao plano da validade é preciso verificar a capacidade dos sujeitos, a perfeição da declaração de vontade exarada (inexistência de vícios de consentimentos), a conformidade do objeto com o direito e a forma tomada pelo ato, a fim de se aferir a sua perfeição e, pois, validade, ou, por outro lado, a existência de defeitos acessórios passíveis de convalidação ou ainda a existência de defeitos que o invalidem inexoravelmente, dando azo às conclusões sobre nulidade ou anulabilidade previstas nos arts. 138 e 184, do CC.

---

(53) Conforme MELO, Marcos Bernardes de. *Teoria do fato jurídico*. Plano da existência. 14. ed. São Paulo: Saraiva, 2007. p. 7.

(54) Em *Tratado das ações*. Ação, classificação e eficácia. Campinas: Bookseller, 1998. t. I, p. 21.

(55) Em *Tratado de Direito Privado*. Parte geral. Introdução. Pessoas físicas e jurídicas. Rio de Janeiro: Borsoi, 1954. t. I, p. 77.

(56) *Tratado das ações*. Ação, classificação e eficácia. Campinas: Bookseller, 1998. t. I, p. 22.

(57) Como adverte Marcos Bernardes de Melo, *op. cit.*, p.100-101, os fatos jurídicos cuja vontade não é elemento essencial do suporte fáctico não transitam no plano da validade, pois os fatos da natureza ou do animal e os atos-fatos (atos reais) são realidades físicas decorrentes da ação humana até involuntária. Por exemplo, o nascimento ou a semeadura que gerou uma plantação não tem como se pretenderem nulas.

Independente de estarem submetidos a uma condição ou a um termo, rompem ao plano da eficácia todos os fatos jurídicos que ultrapassaram os planos da existência e da validade, em se tratando daqueles cuja vontade é elemento essencial do suporte fático, e, no que concerne aos fatos da natureza ou aos cuja vontade humana é irrelevante ou acidental à composição do suporte fático, basta que, simplesmente, tenham vingado ao plano da existência.

Convém acrescentar, ainda, como proficuamente o faz Marcos Bernardes de Melo[58], que os atos anuláveis podem gerar efeitos interinos até que sobrevenha sua desconstituição ou decretação de sua anulação e que alguns atos nulos podem gerar efeitos definitivos legalmente previstos no sistema jurídico, como é o caso do casamento putativo.

2.2.2. Classificação dos fatos jurídicos

Sobre esse estudo, Pontes de Miranda[59] aponta duas classificações principais para os fatos jurídicos *lato sensu*, sendo a primeira em relação à origem extra-humana ou humana dos seus respectivos suportes fáticos e a segunda alusiva ao critério da conformidade com o direito que faz gracejar a dicotomia entre os fatos lícitos e ilícitos.

Desse modo, o jurista alagoano ensina que os fatos jurídicos *lato sensu* entram em quatro classes distintas, a saber: os fatos jurídicos *stricto sensu*, os atos-fatos jurídicos, os atos jurídicos *stricto sensu* e os negócios jurídicos, advertindo, ainda, que quaisquer delas se dividirá quanto à conformidade ou não com o direito, irradiando cinco espécies de efeitos: declarativo, constitutivo, condenatório, mandamental e executivo.

2.2.3. Dos fatos jurídicos stricto sensu

Os fatos jurídicos *stricto sensu* são considerados como todo acontecimento decorrente do determinismo da natureza capaz de gerar efeitos no mundo jurídico independentemente da vontade humana. Nesses casos, o elemento volitivo não é essencial à concreção do seu suporte fático. Com efeito, como diz Marcos Bernardes de Melo[60], a morte em si não deixa de ser um evento da natureza, mesmo quando provocada por ato humano, como no caso de homicídio e suicídio.

Os fatos da natureza são valorados pelo direito e tanto podem gerar direitos quanto obrigações na ordem jurídica, daí porque se concebe a possibilidade de existirem fatos jurídicos *stricto sensu* ilícitos, como ocorre nas hipóteses de responsabilidade civil por caso fortuito e força maior.

---

(58) *Ibidem*, p. 102-103.
(59) *Tratado das ações. Ação, classificação e eficácia*. Campinas: Bookseller, 1998. t. I, p. 24-25.
(60) *Op. cit.*, p. 131.

2.2.4. Dos atos-fatos jurídicos

Na definição do ato-fato jurídico, Pontes de Miranda analisa o ato humano sob o âmago da relevância atribuída pelo Direito à relação entre o fato, a vontade e o homem, que, aliás, no seu sentir, é dupla: fato, vontade-homem[61].

Nesse sentido, se para a concreção do suporte fático o Direito abstrai a vontade humana, ou, na sua expressão, põe entre parênteses o *quid psíquico* motivador do ato realizado, importando-se apenas com o *factum*, isto é, com o feito resultante em si, está-se diante de um ato-fato jurídico.

O ato-fato jurídico talvez seja a maior contribuição de Pontes de Miranda ao estudo dos fatos jurídicos *lato sensu*, esclarecendo esse grande jurista que:

> No *factum*, há, apenas, o "feito"; donde poder distinguir-se do fato a vontade (*distinguire voluntatem a facto*). Se esvaziarmos os atos humanos de vontade (= se dela abstraímos = se a pomos entre parênteses), se não a levamos em conta para a juridicização, o *actum* é *factum*, e como tal é que entra no mundo jurídico.

Conforme os efeitos jurídicos do fato resultante, os atos-fatos jurídicos se subclassificam em atos-fatos reais ou materiais, atos-fatos indenizativos e atos-fatos caducificantes.[62]

Os atos-fatos reais ou materiais são os decorrentes de circunstâncias fácticas irremovíveis, geradas a partir de manifestação volitiva irrelevante do sujeito, como no caso de um quadro pintado por um louco e os conexos direitos de propriedade que lhe pertinem.

Os atos-fatos indenizativos são os que, embora dimanem de um ato humano conforme o direito, por prejudicarem terceiro, importam *ipso facto* no dever de indenizar, como nas diversas hipóteses de responsabilidade civil sem culpa previstas no ordenamento jurídico brasileiro.

Os atos-fatos caducificantes são os que, independente da vontade do sujeito, engendram a extinção de determinado direito ou pretensão, como nas hipóteses de preclusão, prescrição e decadência em que são irrelevantes as razões pelas quais se deixou operar o decurso do prazo legal, importando apenas o transcurso em si do hiato para as consequências jurídicas resultantes previstas no sistema jurídico.

2.2.5. Dos atos jurídicos stricto sensu

Os atos humanos jurídicos *lato sensu* são formados pelas categorias dos atos jurídicos *stricto sensu* e os negócios jurídicos, os quais, segundo Pontes de Miranda,

---

(61) *Tratado das ações*. Ação, classificação e eficácia. Campinas: Bookseller, 1998. t. I, p. 29.

(62) As definições e os exemplos dessas subespécies atos-fatos jurídicos foram retirados da obra já citada de Marcos Bernardes de Melo, p. 134-141.

constituem o campo psíquico dos fatos jurídicos em geral e são os meios mais eficientes de irradiação das relações inter-humanas. Nas suas palavras: "neles e por eles, a vontade, a inteligência e o sentimento inserem-se no mundo jurídico, edificando-o."[63]

Os atos jurídicos *stricto sensu* são também chamados atos jurídicos não negociais, pois o Direito recebe a manifestação de vontade expressada em um determinado sentido, sem escolha de categoria jurídica e com efeitos necessários, invariáveis, inexcluíveis e irrecusáveis aos sujeitos, os quais estão previamente fixados na lei.

Assim, a autonomia da vontade é fundamental apenas para a composição do suporte fático do ato em si, mas, uma vez tendo sido praticado, seus efeitos são indisponíveis às partes, como no caso do casamento, a partir do qual se deflagram deveres legais de fidelidade e assistência mútua entre os cônjuges, presunção de paternidade dos filhos havidos na constância do matrimônio e o direito de herança ao cônjuge supérstite.

É assente na doutrina a distinção entre atos jurídicos *stricto sensu* e negócios jurídicos a partir da disponibilidade dos efeitos que lhes são resultantes, dizendo-se que, no primeiro caso, operam-se efeitos *ex lege* ou não queridos e, no último, entronizam-se efeitos *ex voluntate* ou queridos pelas partes.

Esse critério diferenciador, tão comum na seara doutrinária, a propósito de não se negar seu caráter pedagógico, recebe fundadas críticas e deve ser levado em consideração apenas para enfatizar que nos atos jurídicos *stricto sensu*, uma vez manifestada a vontade, não há possibilidade de escolha da categoria jurídica do ato e de seus efeitos, enquanto nos negócios jurídicos existe, em certos limites, o permissivo legal de modalização de efeitos da avença celebrada pelos sujeitos.

É bem de ver que a eficácia jurídica resulta da imputação da norma ao fato, conforme descreve Marcos Bernardes de Melo[64], não sendo, pois, edificada a partir de conduta voluntarista das partes, algo bem apropriado ao ideário liberal.

Aliás, a autonomia da vontade ou o poder de a parte se autonormar através do contrato deve ser analisada pelo contraponto da heteronomia. Como diz Paulo Luiz Neto Lôbo[65], a autonomia consiste na formação da norma contratual não exclusivamente pela conduta de um sujeito, senão também pela de outro igual que atua concorrentemente. Já a heteronomia seria o poder de criar norma para os outros, advertindo-se que quanto mais interesse social permear o negócio, menos autonomia haverá, alcunhando-se o dirigismo contratual pelo Poder Público, a exemplo do que ocorre nos contratos coletivos de trabalho e nos contratos em massa de natureza consumerista, onde a vontade individual cede passo à vontade coletiva ou à estatal.

Melhor distinção é feita, conforme propala Pontes de Miranda[66], quando se observa as categorias jurídicas de ato jurídico *lato sensu* a partir da relação deflagrada

---

(63) *Tratado das ações. Ação, classificação e eficácia.* Campinas: Bookseller, 1998. t. I, p. 30.
(64) *Op. cit.,* p. 154.
(65) *O contrato. Exigências e concepções atuais.* São Paulo: Saraiva, 1986. p. 25-26 e 30-32.
(66) *Tratado das ações. Ação, classificação e eficácia.* Campinas: Bookseller, 1998. t. I, p. 31.

pela manifestação de vontade e suas consequências, dizendo-se que, em se tratando de ato jurídico *stricto sensu*, é engendrada uma relação de antecedente a consequente, enquanto nos negócios jurídicos se irradia uma de escolha a escolhido.

Os atos jurídicos *stricto sensu* podem ser subclassificados em reclamativos, comunicativos, enunciativos, mandamentais e compósitos[67].

São reclamativos os atos jurídicos *stricto sensu* consistentes em reclamações ou provocações, como, por exemplo, na interpelação do devedor em mora para que exerça seu direito de escolha nas obrigações alternativas.

São comunicativos os destinados a dar ciência a alguém de uma relação jurídica, como, por exemplo, a citação, a permissão para sublocar (quando exigida no contrato) etc.

Enunciativos são os atos jurídicos *stricto sensu* que emanam exteriorizações de conhecimento ou sentimento, como são os casos da confissão, reconhecimento de paternidade, quitação, perdão etc.

Por atos jurídicos *stricto sensu* mandamentais são entendidos os que se destinam a impor ou proibir determinado procedimento por outra pessoa, como, por exemplo, o aviso prévio etc.

São atos jurídicos *stricto sensu* compósitos aqueles em que não basta a declaração de vontade em si, mas necessitam de outras circunstâncias para se complementarem, como é o caso da fixação do domicílio, em que se exige o estabelecimento de residência com ânimo definitivo.

2.2.6. Dos negócios jurídicos

Os negócios jurídicos, também chamados de atos negociais, são os atos humanos que decorrem da consciente, simples ou qualificada exteriorização da vontade das partes contemplada pelo ordenamento jurídico com a autorização da escolha da categoria jurídica do ato e, em certos limites, com a modalização dos seus efeitos, especialmente no que concerne à amplitude, à permanência e à intensidade, como sói ocorre nos contratos de um modo geral.

Diversas são as subclassificações de negócios jurídicos esposadas na doutrina, de modo que faremos um corte epistemológico para cuidar de discriminar as que julgamos mais pertinentes aos objetivos desta obra[68].

Conforme o número de lados, de posições ou de vontades negociais exaradas, os negócios jurídicos podem ser unilaterais, bilaterais ou plurilaterais.

---

(67) A subclassificação de atos jurídicos *stricto sensu* e os exemplos mencionados foram retirados da obra já citada de Marcos Bernardes de Melo, p. 164-165.

(68) Registramos que as subespécies de negócios jurídicos descritas neste trabalho foram estudadas a partir de algumas das discorridas na obra já citada de Marcos Bernardes de Melo, p. 198-220.

De logo, esclarecemos que pode haver uma pluripessoalidade na manifestação de uma mesma vontade negocial exercida, sem que, com isso, desnature-se essa classificação, pois o que aqui se estuda é o número de posições sobre o objeto, ou seja, o número de centro de interesses jurídicos manifestados e não o número de pessoas que compõem a avença.

São unilaterais os que prescindem de manifestação de vontade receptícia à sua concreção, sendo-lhes bastante à composição do seu suporte fático, uma única manifestação de vontade para lhe outorgar existência e eficácia autônomas, como, por exemplo, o testamento, a derrelicção, a instituição de fundação e, entre outros, em regra, o depósito civil etc.

Nessas hipóteses, a falta de recepção pode lhes frustrar os efeitos, mas não a essência do ato negocial realizado, jungida que está a manifestação de vontade exercida unilateralmente ao princípio da incolumidade das esferas jurídicas[69].

Bilaterais são os negócios jurídicos que nascem a partir de duas manifestações de vontades distintas, porém coincidentes, recíprocas e concordantes, a exemplo do que ocorre nos contratos em geral, como os de compra e venda, de transação etc.

Plurilaterais são os negócios jurídicos compostos por manifestações de vontades emanadas de mais de duas posições distintas, paralelas e que convergem para um fim em comum, como no contrato formalizado para a constituição de uma sociedade.

Mesmo que a sociedade seja constituída por duas pessoas, o negócio não se bilateraliza, pois entre os sujeitos não há vontades recíprocas ou opostas entre si, mas paralelas e convergentes para um fim comum.

Os negócios jurídicos, conforme a finalidade intrínseca que carregue, podem ser causais ou abstratos. Se no negócio há uma causa específica para sua formação, como sói ocorre nos contratos, o erro sobre a mesma pode levá-lo à invalidação. Já nos abstratos se coloca entre parênteses a causa que não é determinante para a sua formalização ou revogação, conforme se passa, em regra, nas operações cambiais com títulos de crédito.

A doutrina denomina de fiduciários os negócios jurídicos em que se procede a transferência da propriedade, da posse, da guarda ou do direito sobre o bem; no entanto, sem a finalidade manifesta de aliená-lo. Nesse caso, a tradição se dá sob o manto da fidúcia em uma de suas modalidades conhecidas desde o direito romano: *cum amico contracta* (para mandato, gestão ou administração) e *cum creditore contracta* (para garantia de dívida).[70]

---

[69] Conforme Marcos Bernardes de Melo, o negócio jurídico unilateral somente pode interferir na esfera jurídica de outrem para beneficiar, razão por que se trouxer dano, existe contrariedade ao direito e ilicitude. *Op. cit.*, p. 202.

[70] *Vide* especificamente MELO, Marcos Bernardes de. *Op. cit.*, p. 207-208 e MAZZUOLI, Valério de Oliveira. *Alienação fiduciária em garantia e a prisão do devedor-fiduciante.* Uma visão crítica à luz dos direitos humanos. Campinas: Agá Juris, 1999. p. 28.

Conforme se perfaçam apenas pelo consenso dos contraentes ou, além disso, imprescindam da tradição do bem para sua formalização, os negócios jurídicos podem ser classificados, respectivamente, como consensuais ou reais. Na primeira hipótese, podem ser arrolados o mandato, a locação, a doação etc. Já na segunda hipótese, são referências o depósito civil, o penhor, o comodato etc.

De acordo com a natureza do seu objeto ou da natureza da prestação envolvida, os negócios jurídicos podem ter índole patrimonial ou extrapatrimonial. A primeira hipótese se subdivide em juri-reais, que envolvem prestações formativas de direito real, e em obrigacionais, a partir dos quais decorrem prestações obrigacionais patrimoniais em geral. Os negócios extrapatrimoniais dizem respeito a obrigações personalíssimas insuscetíveis de mensuração econômica, como a adoção, o casamento e os negócios de direito de família em geral.

Se a lei prescreve uma forma especial como elemento completante para a definição de sua existência regular ou complementar para deflagrar sua eficácia, ou ainda confere liberdade aos sujeitos para contratarem da forma que melhor lhes aprouver, os negócios jurídicos são classificados em solenes e não solenes.

De acordo com a existência ou não de tipificação, nominação ou nomeação da avença no sistema jurídico, os negócios podem ser, respectivamente, típicos ou nominados e atípicos ou não nominados, sendo os últimos, em geral, uma mescla de vários negócios típicos em um só não tipificado.

Se o negócio conserva uma especificidade própria indicada pela externação de um só fim pelos seus elementos constitutivos, ainda que enfeixe acessoriamente vários outros no seu bojo, é dito uno ou unitário.

No entanto, é complexo ou misto o negócio, ainda que único, se composto por disposições de vários negócios subordinados que não fazem prevalecer especificamente um só fim na avença, como na alienação fiduciária, no *leasing*, na franquia etc.

A doutrina em geral[71], levando em conta o contrato como o negócio jurídico típico, engendra várias outras tipologias de cunho pedagógico, a saber:

a) Os negócios podem ser onerosos, conforme tragam vantagens para ambos os contraentes, ou gratuitos, se oneram apenas uma das partes, proporcionando à outra uma vantagem sem qualquer contraprestação;

b) Conforme possam os contraentes anteverem de imediato a equivalência de suas prestações ou dependam de um risco (álea) futuro e incerto para sua fixação, os negócios podem ser comutativos ou aleatórios. São exemplos, respectivamente, o contrato individual de trabalho e a rifa ou sorteio;

---

(71) Por todos, veja-se DINIZ, Maria Helena. *Curso de direito civil brasileiro*. Teoria das obrigações contratuais e extracontratuais. 12. ed. São Paulo: Saraiva, 1997. v. III, p. 74-89.

c) Conforme haja paridade de liberdade de convenção entre os contraentes, o negócio pode ser paritário ou de adesão;

d) Quanto ao tempo de sua execução, os negócios são de execução imediata ou de execução continuada;

e) Em relação ao sujeito, os negócios podem ser pessoais ou *intuitu personae* e impessoais, conforme a pessoa do contraente seja elemento determinante à celebração da avença.

2.3. Das espécies de depósito

Em cotejo à sistemática prevista no ordenamento brasileiro, classificam-se os depósitos em voluntários e obrigatórios e estes em legais ou necessários ou miseráveis.[72]

O depósito voluntário é o contrato de depósito típico, pois nasce de um acordo espontâneo e, em princípio, gratuito (embora possa ser oneroso) celebrado entre o depositante e depositário, conforme a cabeça do art. 628, do CC, revelando o traço marcante da fidúcia existente entre esses sujeitos, cujo interesse ou necessidade na pactuação subsume-se ao do senso comum.

No depósito necessário, também há liberdade na manifestação da vontade dos sujeitos da relação jurídica, constituindo-se igualmente em elemento nuclear da concretização desse negócio jurídico, sem embargo de o depositante, ao celebrar a avença, estar premido por circunstâncias que são forçosas, urgentes e inadiáveis à manutenção ou conservação da coisa.

Serpa Lopes[73] estabelece claramente o diferencial entre o depósito voluntário e necessário:

> Do ponto de vista estrutural, o depósito necessário não difere do voluntário. Em ambas as figuras contratuais, o consentimento é elemento imprescindível. A diferença, porém, se encontra nesse ponto: enquanto o depósito voluntário é um movimento ditado pela necessidade do teor comum, não tendo um aspecto inadiável, no depósito necessário trata-se de um contrato feito sob o imperativo de circunstâncias especiais impondo sua realização, como medida fatal e irremovível.

Os depósitos legal e miserável são, conforme a dicção do art. 647, I e II, do CC, os celebrados, respectivamente, em desempenho de uma obrigação legal e em virtude de alguma calamidade, como o incêndio, a inundação, o naufrágio ou o saque.

---

(72) Por todos, vide VENOSA, Silvio de Salvo. *Direito civil*. Contratos em espécie. 3. ed. São Paulo: Atlas, 2003. p. 254-259. Por sua vez, LOPES, Serpa. *Curso de Direito Civil*. Fonte das obrigações: contratos. 5. ed. Rio de Janeiro: Freitas Bastos, 1999. v. IV, p. 292, vai além dessa classificação e arrola ainda como espécies distintas o depósito irregular e o depósito judicial (sequestro).

(73) *Op. cit.*, p. 300.

Sob outro aspecto, a doutrina classifica os depósitos em regulares e irregulares, conforme tenham por objeto coisas não fungíveis ou fungíveis. Na primeira hipótese, a obrigação de restituir afeta ao depositário diz respeito rigorosamente à mesma coisa depositada, enquanto na segunda, considera-se satisfeita a restituição pela entrega de objeto do mesmo gênero, qualidade e quantidade do depositado, regulando-se pelas regras do mútuo, nos termos do art. 645, do CC.

Caio Mário da Silva Pereira[74] chama a atenção para o fato de que a importância dessa classificação não se restringe à transferência de domínio da coisa para o depositário, como consectário ínsito da fungibilidade do objeto contratual. Com efeito, uma coisa fungível pode se tornar infungível por convenção das partes, hipótese em que o depósito é regular. Na verdade, conforme professa o jurista fluminense, a irregularidade dessa espécie de depósito está marcada pela coexistência de dois fatores: o primeiro, de natureza material, concernente à faculdade concedida ao depositário de consumir a coisa depositada e o segundo, de cunho anímico, alusivo ao propósito de beneficiar o depositário.

Conforme Odete Novais Carneiro Queiroz[75], as espécies de depósito também podem ser classificadas a partir do estatuto jurídico que os prevê, denominando-os de depósito civil (regulado pelo Código Civil Brasileiro[76] — arts. 627 e seguintes), o depósito mercantil ou comercial (relativos a atos de comércio), do qual se destaca o depósito bancário, e, finalmente, o depósito judicial que está previsto no Código de Processo Civil (CPC) e decorre de determinação judicial tomada no processo.

Finalmente, a doutrina ainda menciona a existência de depósitos atípicos ou por equiparação estabelecida no próprio Código Civil ou em outras legislações infraconstitucionais, como nas hipóteses do depósito do hoteleiro ou hospedeiro (art. 649, do CC), do depósito judicial de bens penhorados no processo (arts. 664/665, do Código de Processo Civil — CPC[77]), a do alienante fiduciário (art. 66, da Lei n. 4.728/65[78], com redação dada pelo Decreto-lei n. 911/69 e art. 1.363, do CC) e do depositário da fazenda pública, considerado como tal pelo art. 1º, § 1º, da Lei n. 8.866/94[79], aquele que possui legitimidade para reter ou receber impostos, taxas ou contribuições fiscais ou previdenciárias[80].

---

(74) *Instituições de direito civil*. Fonte das obrigações: contratos, declaração unilateral de vontade e responsabilidade civil. 3. ed. Rio de Janeiro: Forense, 1975. v. 5, p. 316.

(75) *Prisão civil e os direitos humanos*. São Paulo: Revista dos Tribunais, 2004. p. 26.

(76) BRASIL. Código Civil (2002). Organização dos Textos, notas remissivas e índices por Yussef Said Cahali. 5. ed. São Paulo: Revista dos Tribunais, 2003.

(77) BRASIL. Código de Processo Civil (1973). Organização dos Textos, notas remissivas e índices por Yussef Said Cahali. 5. ed. São Paulo: Revista dos Tribunais, 2003.

(78) BRASIL. Lei do Mercado de Capitais (1965). Disponível em: <www.planalto.gov.br/ccivil_03/leis/L4728.htm> Acesso em: 21 jul. 2010.

(79) BRASIL. Lei Ordinária n. 8.866 (1994). Disponível em: <http://www.leidireto.com.br/lei8866.html> Acesso em: 21 jul. 2010.

(80) Posteriormente, foi introduzido no sistema penal brasileiro o tipo penal referente à apropriação indébita previdenciária.

Pela repercussão na práxis e a importância no debate que ora se propõe, será esmiuçada na próxima seção a natureza jurídica dos principais tipos de depósito, vale dizer, o depósito civil, o depósito por equiparação do alienante fiduciário e o depósito judicial de bens penhorados no processo, buscando-se demonstrar a incompatibilidade jurídica do tratamento uniforme dado à matéria no que tange à possibilidade de prisão civil.

2.3.1. Da natureza do depósito civil

A partir da inferência do art. 627, do Código Civil (CC), compreende-se que o depósito, na sua acepção civil genuína, trata-se de uma relação jurídica contratual através da qual o depositário recebe fiduciariamente coisa alheia móvel[81] com obrigações de guarda, custodia e restituição.

Por guardar previsão legal específica, o depósito civil se revela de um contrato nominado, estando estruturado no título VI do Código Civil, capítulo IX, sessões I e II correspondentes à sequência dos arts. 627 a 652.

Em regra, é visto como um contrato unilateral e gratuito, pois prescinde, para a formação de seu suporte fático de declaração, de vontade receptícia do depositário, não havendo, ainda, contraprestação a ser dada pelo depositante.

O depósito civil, no entanto, pode ser bilateralizado e se tornar oneroso, na medida em que o depositário exerça também vontade negocial recíproca e se especifique contraprestação a ser prestada pelo depositante, conforme o permissivo do art. 628, do Código Civil.

O contrato de depósito civil é unitário, pois há uma finalidade específica consistente na guarda e custódia do bem depositado, sendo, ainda, comutativo, pois é possível às partes anteverem seus direitos e obrigações no momento da consumação da avença.

Considerando inexistir uma forma prescrita em lei para a formalização de sua existência ou eficácia, o depósito civil é considerado um contrato não solene, sem embargo de o art. 646, do CC, exigir prova escrita para a comprovação da espécie voluntária[82].

Ao celebrarem o certame, não há entre as partes contraentes, nem mesmo quando do depósito necessário, uma disparidade que repila a liberdade de contratar, daí porque se concebe o genuíno depósito civil como sendo um contrato paritário.

O depósito civil é levado a efeito de forma *intuitu personae* em relação ao depositário, o que denuncia a característica nuclear desse contrato que é exatamente o seu caráter

---

(81) Embora a dicção legal seja clara no sentido de estabelecer a coisa móvel como o objeto do contrato de depósito, a doutrina não considera uma aberração a existência de depósitos judiciais determinados sobre imóveis ou patrimônios. Nesse sentido, veja-se VENOSA, Silvio de Salvo. *Op. cit.*, p. 248.

(82) É, no mínimo, curiosa a disciplina legal para a comprovação do depósito, pois enquanto para o depósito voluntário se exige a sua comprovação por escrito, em se tratando de depósito necessário, pode-se provar por qualquer meio, conforme autoriza o art. 648, parágrafo único, do CC. Não há qualquer razão jurídica que justifique o discrímen, podendo muito bem aquela exigência ser discutida judicialmente à luz do princípio constitucional da ampla defesa.

fiduciário, pois a transferência da posse imediata do bem é realizada ao depositário não com a finalidade de alienar, senão apenas de guardar e custodiar até que o depositante o reclame.

Na esteira desse mesmo raciocínio, pode-se dizer que o depósito civil é um negócio causal, na medida em que possui uma causa ou finalidade específica para sua celebração. Em outras palavras, esse contrato se caracteriza pelo móvel psicológico específico e fundante consistente na entrega temporária da coisa para o depositário, com fins de guarda e conservação.

Considerando ser a transferência do objeto móvel elemento completante do seu suporte fático, tem-se que o contrato de depósito é de natureza real, pois somente se perfaz com a efetiva tradição da coisa ao depositário.

A temporalidade da posse imediata do bem pelo depositário também demonstra que se está diante de um contrato de execução continuada que se resolve apenas quando da reclamação do depositante e entrega do bem depositado pelo depositário.

Sendo o objeto do depósito civil um bem móvel, malgrado seja corriqueiro o depósito de imóveis nos processos judiciais (conforme a disciplina do art. 659, § 5º, do CPC), as prestações que lhe sucedem são passíveis de mensuração econômica, daí porque é considerado um contrato de índole patrimonial.

Nesse caso, não há dúvida de que a prisão do depositário civil decorre diretamente do descumprimento da sua obrigação contratual de restituir a coisa depositada, tratando-se de medida coercitiva que busca interferir na sua esfera subjetiva para fazê-lo adimplir o contrato, sendo bastante para essa inflexão a leitura da dicção do art. 652, do CC: "Seja o depósito voluntário ou necessário, o depositário que não o restituir quando exigido será compelido a fazê-lo mediante prisão não excedente a um ano e ressarcir os prejuízos".

Nessa hipótese, é razoável se argumentar no sentido de que a Convenção Americana de Direitos Humanos, ao omitir a prisão do depositário infiel como hipótese exceptiva da proibição da prisão civil por dívidas, vedou-a completamente.

Discutiremos posteriormente, nessa mesma obra, sobre a aderência da Convenção Americana de Direitos Humanos ao sistema jurídico brasileiro e a sua colidência com o disposto no art. 5º, LXVII, da Constituição Federal de 1988 (CF/88), bem assim os critérios para a resolução das antinomias.

2.3.2. Da natureza do alienante fiduciário enquanto depositário por equiparação

A alienação fiduciária em garantia se trata de um negócio jurídico fiduciário introduzido no sistema jurídico brasileiro pelo art. 66 da Lei n. 4.728, de 14. 7.1965 (Lei do Mercado de Capitais — LMC), cuja redação foi posteriormente alterada pelo

Decreto-lei n. 911, de 1º.10.1969, com vistas a estimular o consumo e amparar o crédito de financiamento de bens móveis, especialmente eletrodomésticos e veículos.

Consistia essa modalidade jurídica fiduciária na transferência da propriedade resolúvel de bem móvel financiado pelo alienante ou fiduciante ao financiador, também denominado credor fiduciário, em garantia do pagamento da dívida contraída, sem ocorrer a tradição efetiva da coisa que ficava na posse direta daquele, o qual, por equiparação legal, assumia a condição de depositário com todas as suas responsabilidades previstas na lei civil e penal.

A despeito de extensa, é bastante didática a definição do instituto feita por Valério de Oliveira Mazzuoli[83]:

> Em suma, consiste a *alienação fiduciária em garantia* num engenhoso mecanismo através do qual o consumidor adquire um determinado bem, utilizando-se, para isso, de dinheiro tomado de uma instituição financeira. Em garantia ao adimplemento da obrigação, o devedor-fiduciante "aliena" a propriedade resolúvel da coisa adquirida ao credor (financiador), permanecendo com a sua posse direta, sendo-lhe permitido o desfrute econômico do bem alienado. O financiador (credor) fica apenas com a *posse indireta* do bem (*constituto possessório*). Com o pagamento do débito, resolve-se o negócio de alienação fiduciária, fazendo-se com que o domínio da coisa volte por inteiro ao adquirente, pois é resolúvel (CC, art. 525) o domínio adquirido pelo credor (instituição financeira).

Esse negócio, que antes se restringia a bens móveis e se circunscrevia às instituições financeiras, passou também a ser utilizado como garantia da compra financiada de bens imóveis e aberto à contratação através de pessoas físicas e jurídicas, conforme previsão do art. 22, da Lei n. 9.514, de 20.11.1997, não constando nessa hipótese qualquer equiparação do devedor-fiduciante à figura do depositário, considerada mesmo sua flagrante desnecessidade, na medida em que o negócio envolve bem de raiz e que o inadimplemento da dívida, parcial ou total, gera a consolidação da propriedade resolúvel em favor do credor-fiduciário, que, providenciará, no prazo legal de 30 dias, a realização de um leilão público para a alienação da coisa, ressarcindo-se da dívida e das despesas que realizou e entregando ao devedor-fiduciante a importância que sobejar, nos termos dos arts. 26 e 27, daquela legislação.

Sem embargo desse cenário, o alienante-fiduciário de bens móveis continuaria, em tese, como destinatário de prisão civil, pois a despeito da revogação do art. 66, da LMC, pela Lei n. 9.514/97, remanesce a sua equiparação jurídica à figura do depositário civil, a qual, inclusive, repetida pelo art. 1.363, do Código Civil de 2002, senão vejamos:

> Antes de vencida a dívida, o devedor, a suas expensas e risco, pode usar a coisa segundo sua destinação, sendo obrigado como *depositário*:
>
> I – a empregar na guarda da coisa a diligência exigida por sua natureza;
>
> II – a entregá-la ao credor, se a dívida não for paga no vencimento. (Sem grifos no original).

---

(83) *Op. cit.*, p. 34.

Por outro lado, continua importante o exame do art. 66, da LMC, para se demonstrar a insensatez jurídica cometida durante vários anos pela equiparação por ficção jurídica de institutos desiguais, especialmente para permitir o confinamento pessoal, ao arrepio da tutela constitucional da liberdade individual.

Pois bem, a primeira questão que se apresenta a respeito da inconstitucionalidade da prisão do devedor-fiduciante é que, em rigor, nem esse é um depositário, tampouco o credor-fiduciário é um depositante, propriamente dito.

Na prática, na alienação fiduciária em garantia o devedor-fiduciante é o proprietário do bem, apenas tendo transferido sua propriedade resolúvel em favor do credor-fiduciário até o adimplemento final do financiamento que fez para a compra do bem dado em garantia. No caso do depósito, em nenhuma hipótese o bem pertence ao depositário que conserva a posição de mero guardião ou detentor temporário.

O credor-fiduciário, por exemplo, na alienação de bens móveis ou imóveis, não pode reclamar a coisa para si diante do inadimplemento da dívida, mas é obrigado a aliená-la a terceiro, a fim de que cubra a dívida e suas despesas e pague ao devedor o valor sobejante.

Nesse sentido, Odete Novais Carneiro Queiroz[84] chama a atenção para a incoerência do sistema jurídico nesse ponto:

> Aqui cabe uma observação no sentido de apontar uma incoerência do sistema ao ser atribuída, como a lei prevê, a propriedade ao fiduciário, mas proibindo-lhe o pacto comissório de forma a não poder ele ficar com a coisa que, por prescrição legal, já é sua.

Também não pode, em regra, o depositário dispor e gozar da coisa em sua destinação natural, como desfruta o devedor-fiduciante na alienação fiduciária em garantia, cabendo-lhe apenas os deveres de guarda e conservação do bem alheio.

Por sua vez, a fidúcia que rege o negócio da alienação fiduciária em garantia é a da modalidade *cum creditore*, pois a restituição a que se obriga o devedor-fiduciante é a do valor da dívida contraída e não do bem em si, como sói ocorre nos depósitos civis onde o pacto fiduciário é de natureza *cum amico*, mesmo porque, na prática, é ele o verdadeiro proprietário da coisa.

Nesse caso, a equiparação então do alienante-fiduciário ao depositário para fins de prisão civil, preconizada pelo art. 66, da LMC, com a redação dada pelo Decreto-lei n. 911/67, estava impregnada de inconstitucionalidade, pois ampliava as hipóteses exceptivas ao postulado constitucional da proibição da prisão civil por dívida.

Mesmo quando a redação do art. 150, § 17, da Constituição Federal de 1967[85], repetido pela Emenda Constitucional n. 1, de 17.10.1969, previa a possibilidade de

---

(84) Op. cit., p. 64.

(85) "Não haverá prisão civil por dívida, multas ou custas, salvo o caso do depositário infiel e o inadimplemento de obrigação alimentar". BRASIL. Constituição Federal (1967). Disponível em: <http://www.planalto.gov.br/ccivil_03/constituicao/constitui%c3%a7ao67.htm>.

prisão do alimentante e do depositário infiel *na forma da lei*, consignava-se não só uma reserva legal simples, mas também uma limitação tácita ou indireta resultante da regra geral proibitiva, não se franqueando ao legislador ordinário, portanto, a ampliação conceitual daquelas formas significativas que permitiam, excepcionalmente, o confinamento pessoal do devedor civil, mas lhe autorizava apenas a disciplina de sua consequência jurídica e do procedimento jurídico para se decretar o confinamento pessoal constitucionalmente permitido.

As normas de direito fundamental com reservas legais simples que estendem sua regulamentação ao legislador ordinário possuem, na expressão de Robert Alexy[86], uma garantia de conteúdo essencial que as protege contra intervenções legislativas arbitrárias ou desproporcionais, criando-se um critério adicional não escrito que limita a competência de legislar sobre a matéria, consagrando o primado da vinculação do poder público à Constituição e aos direitos fundamentais.

Com efeito, o preceito constitucional indigitado se trata de uma proposição jurídica restritiva do poder estatal de determinar a prisão civil do particular, cuja completude de sentido é remetida a uma proposição jurídica aclaratória infraconstitucional, cuja finalidade precípua não era logicamente de ampliar as hipóteses permissivas da retenção prisional, senão esclarecer suas consequências jurídicas e o procedimento a ser adotado nos casos concretos.

Karl Engisch[87] salienta que, no processo interpretativo, a *ratio* deve impor-se não apenas dentro dos limites de um teor literal muitas vezes equívoco, mas também rompendo as amarras desse teor ou lhe restringindo um alcance demasiado amplo, a fim de que esteja conforme a Constituição e seus princípios. São suas palavras:

> (...) nos casos em que o "teor verbal" não é unívoco, e, portanto, especialmente naqueles em que de antemão se consente uma interpretação mais restritiva e uma interpretação mais extensiva, procura decidir-se a favor daquele sentido da letra que conduza à compatibilidade da disposição legal interpretada com a Constituição e seus princípios.

Analisada, em si mesma, a regra do art. 66, da LMC, observa-se inexistir em seu bojo qualquer natureza aclaratória do preceito constitucional, tratando-se apenas de uma proposição remissiva que voluntariamente equiparava institutos jurídicos sabidamente desiguais em afronta ao sentido, alcance e contexto do princípio constitucional que instituía uma ordem negativa de validade ao vedar como regra geral a constrição civil da liberdade individual.

Por outro lado, para que seja aceita como razoável uma ficção jurídica feita por remissão ou equiparação, os elementos constitutivos do objeto jurídico equiparado

---

(86) *Teoria dos direitos fundamentais*. Trad. de: Virgílio Afonso da Silva. São Paulo: Malheiros, 2008. p. 130-131.
(87) *Op. cit.*, p. 147.

devem guardar correlação com os da proposição jurídica remetida, conforme textualmente adverte Karl Larenz[88]:

> A aplicação "correspectiva" significa que os elementos singulares da previsão regulados mediante remissão e os da previsão a cuja consequência jurídica remete — ou seja, os elementos de um contrato de troca e de um contrato de compra e venda — devem pôr-se em relação uns com os outros, de modo a que aos elementos que devam ser considerados semelhantes se associe a mesma consequência jurídica, segundo a função de cada um e a sua proposição na cadeia de sentido da previsão.

Cabe, por sua vez, resgatar-se nessa discussão o princípio da *legalitariedade*[89] trazido a lume por Pontes de Miranda, segundo o qual, se há exigência constitucional de que as situações fácticas sejam reguladas na forma da lei, somente através dessa espécie de regra jurídica expressamente permitida é possível o disciplinamento da matéria, não podendo haver regulação por norma diversa, como o decreto-lei, lei delegada, decreto, regulamento, portaria ou qualquer outra fonte jurídica, sob pena de se repercutir sobre a norma infraconstitucional a pecha de ilegalitariedade e, pois, de inconstitucionalidade.

Nesse sentido, se a remissão do devedor-alienante ao depositário foi imputada através do Decreto-lei n. 911/69, malgrado o preceito constitucional reclamasse aclaramento ou completude de sentido por lei ordinária, padecia-se da pecha de ilegalitariedade e, portanto, de inconstitucionalidade a construção legislativa seguida para sedimentar a retenção pessoal daquela figura em caso de inadimplemento da dívida fiduciária.

A Constituição Federal de 1988, ao contrário de sua antecessora, disciplinou a matéria no seu art. 5º, LXVII[90], com uma proposição jurídica completa e de eficácia plena, retirando a remissão que anteriormente existia à legislação ordinária para a estruturação das consequências e do procedimento a ser adotado nas hipóteses exceptivas que autorizavam a retenção pessoal, deixando ainda mais evidente a impossibilidade de ampliação do decreto prisional a figuras equiparadas e, pois, a inconstitucionalidade da prisão do devedor-fiduciante, ficando claramente restrito decreto de confinamento ao alimentante e ao depositário em sua acepção genuína e clássica.

Observa-se, portanto, malgrado a vacilação da jurisprudência pátria durante esse longo período, que a prisão civil por dívida do devedor-fiduciante por equiparação ao depositário infiel sempre foi inconstitucional, tanto sob a égide da Constituição Federal de 1967 e da Emenda Constitucional n. 1/1969, quanto da Constituição Federal de

---

(88) *Metodologia da ciência do Direito*. 3. ed. Lisboa: Fundação Calouste Gulbenkian, 1997. p. 365.

(89) *Tratado das ações*. Ação, classificação e eficácia. Campinas: Bookseller, 1998. t. I, p. 43-44.

(90) "Não haverá prisão civil por dívida, salvo a do responsável pelo inadimplemento voluntário e inescusável de obrigação alimentícia e a do depositário infiel." Em BRASIL. Constituição (1988). Organização dos Textos, notas remissivas e índices por Yussef Said Cahali. 5. ed. São Paulo: Revista dos Tribunais, 2003.

1988, sendo, inclusive, desnecessária a construção dogmática e jurisprudencial que desfaz a possibilidade do decreto prisional nesses casos, sob o argumento do amparo dado pela Convenção Americana de Direitos Humanos.

2.3.3. Da natureza do depósito judicial

A partir da tradição romana, cunhou-se o entendimento de que o depósito judicial possuiria índole privatística, pois se considerava existente um negócio jurídico entre o credor e o depositário celebrado por intermédio do Oficial de Justiça.

Reativamente à visão privada do depósito, gracejou a concepção de seu caráter público, sendo inicialmente forjada a teoria da representação, inspirada na concepção civilística do processo, que foi incontinentemente rejeitada, considerando que o depositário não representa quaisquer das partes no processo, vindo a prevalecer a ideia do caráter público do depósito como decorrência do *jus imperium* estatal, agindo o depositário como *longa manus* do Órgão Judiciário investido de poderes e deveres inerentes ao serviço público que está consagrado a desempenhar e que em nada se atrelam ao direito obrigacional posto na *res in iudicium deducta*.

A resenha histórica, que foi sucintamente discorrida acima, apresenta-se muito bem desenvolvida por Araken de Assis[91], de quem dissentimos quanto à conclusão final no sentido de que há um negócio jurídico entre o Estado e o depositário, porquanto, seguindo a linha do pensamento de José Frederico Marques[92], entendemos que não se opera na hipótese nem mesmo um *sui generis* contrato de direito público, haja vista que o elemento volitivo do *custode* é irrelevante para a nomeação ao encargo, consistindo apenas em uma condição (superável, inclusive, em situações excepcionais, conforme veremos) para sua eficácia.

Com efeito, a relação jurídica que se instaura com a nomeação de um depositário judicial de bens penhorados no processo conecta esse sujeito ao juiz da execução sob o manto do *jus imperium* inerente ao exercício do poder jurisdicional. Nesse caso, não há propriamente manifestações de vontades recíprocas, opostas e simétricas em relação ao objeto desse ato, como é bem ao feitio dos negócios jurídicos celebrados no âmago do princípio do autorregramento ou da autonomia da vontade das partes.

Não se verifica nesse elo jurídico a correspectividade de direitos e deveres natural e específica dos direitos obrigacionais, mas sim a correspondente aos direitos potestativos. Com efeito, conforme a lição de Lourival Vilanova[93], em se tratando de *ius potesta*, o pressuposto da ilicitude para a aplicação da consequência sancionadora não é o descumprimento da prestação do sujeito obrigado, mas a resistência no tolerar e suportar os encargos respectivos, que, no caso, não são tomados perante o exequente, mas sim frente ao Estado.

---

(91) *Manual do processo de execução.* 7. ed. São Paulo: Revista dos Tribunais, 2001. p. 568-569.
(92) *Instituições de direito processual civil.* Campinas: Millennium, 1999. p. 184-185.
(93) *Causalidade e relação no direito.* Recife: OAB/PE, 1985. p. 167 e 179.

Na nomeação do depósito judicial de bens penhorados, a consensualidade formada pela aquiescência do depositário é, em determinadas situações, dispensável, podendo o juiz suprir a vontade do depositário, se as circunstâncias assim o determinarem, pois a causa do ato de penhora é a finalidade pública consagrada no exercício do poder jurisdicional, o qual visa atender aos reclamos de segurança jurídica das relações, inclusive a processual, e de conservação da harmonia do convívio social.

A esse propósito, são contundentes as palavras de Arnaldo Marmitt[94]:

> Nos casos em que a administração da justiça o recomendar, esse suprimento tem sido feito, vez que o depósito judicial é constituído sempre no auxílio à atividade jurisdicional. Recusando-se injustificadamente e se sua aceitação for de conveniência ou necessidade à boa prestação jurisdicional, ao juiz é dado impor a aceitação, através de uma decisão, porque a constituição compulsória do depósito judicial é considerado ato típico da jurisdição, sendo de conseguinte impraticável pelo oficial de justiça.

A vontade do depositário é parte apenas complementar, mas não propriamente essencial à suficiência do suporte fático, podendo, como visto, ser suprida por determinação judicial, daí porque é incabível se falar na existência de negócio jurídico, mesmo de direito público, sendo mais razoável se imaginar a formação de um ato jurídico *stricto sensu*, no qual não se permite a escolha da categoria jurídica do ato pela manifestação volitiva das partes, como também a modalização dos efeitos jurídicos resultantes, os quais decorrem da imputação do fato à norma e são preexistentes, irrecusáveis e inexcluíveis ao querer dos sujeitos.

A nomeação do depositário é o ato constitutivo do depósito judicial e pode nascer, como visto, suficientemente de ato unilateral do Juiz, sendo bem de ver que a análise criteriosa do art. 665, do CPC, onde se afiguram os elementos de validade do Auto de Penhora, permitirá a observação de que o legislador verbera apenas sobre a nomeação do depositário, olvidando, pois, de sua assinatura naquela peça processual.

O próprio Código de Processo Civil não deixa dúvidas ao apontar o depositário como um auxiliar da justiça, a teor do que dispõem os arts. 139 e 148/150, remanescendo a conclusão de que se impele, a partir de sua nomeação no processo, o exercício de um *múnus público* que vincula todo cidadão como decorrência do dever geral de colaboração com o exercício da função jurisdicional.

Por outro lado, conforme verbera o art. 666, do Código de Processo Civil, a figura de depositário poderá recair na pessoa de depositário público ou particular e, com a concordância do credor, na do devedor, ocasião em que sobre esse sujeito concorre um duplo papel processual, a saber: de executado vinculado e submisso aos atos de execução e de depositário comprometido eticamente com o maior êxito possível da tutela executória.

---

(94) *Prisão civil por alimentos e depositário infiel*. Rio de Janeiro: Aide, 1989. p. 221.

Nesse mesmo sentido, escreve Arnaldo Marmitt[95]:

> Quando dentro do processo de execução o executado é investido no encargo de depositário dos bens dele constritos, ele passa a exercer a dupla função de executado e de órgão auxiliar do juízo, bifurcando-se numa só pessoa as duas qualidades e relações inconfundíveis.

No Processo do Trabalho, o próprio executado ou algum preposto figuram comumente como depositários, sendo geralmente tácita a concordância do credor nesses casos. Para essa realidade, convergem deficiências de infraestrutura e outros imperativos de ordem prática, de modo que se promove a remoção da *res pignorata* apenas em casos especiais.

Noutro giro, também na seara trabalhista, ocorrem um sem-número de hipóteses em que o próprio credor é nomeado depositário do bem, posto que a adjudicação trabalhista não é realizada antecipadamente, ocorrendo apenas no momento da hasta pública, a teor da disciplina do art. 888, da Consolidação das Leis do Trabalho (CLT). Nesses casos, como é lógico, procede-se a remoção do bem que fica sob a custódia do credor.

Essa profusão de personalidades jurídicas sobre as quais pode recair o encargo de depositário judicial de bens penhorados demonstra cabalmente que a eventual ordem de prisão em relação à pessoa do executado/depositário não diz respeito a sua dívida em si, nem a nenhum outro elemento jurídico de cunho privatístico, mas concerne ao desempenho inadequado e culposo dos deveres de guarda e conservação dos bens que lhe foram confiados, como também a inescusável recusa de entrega da coisa no estado em que se encontrava quando passada à sua batuta.[96]

Por outro lado, se a relação jurídica formada com a nomeação do depositário judicial de bens penhorados não é de direito privado, mas de direito público, consistindo em típico ato da fase processual de execução, o qual pode recair tanto sobre a figura do devedor, quanto do próprio credor e de terceiros, era perfeitamente lógico e razoável o entendimento esposado na Súmula n. 619 pelo Supremo Tribunal Federal (STF) que assim versava: "A prisão do depositário judicial pode ser decretada no próprio processo em que se constituiu o encargo, independente da propositura da ação de depósito"[97].

Com efeito, na medida em que a nomeação do depositário judicial é ato judicial tomado na fase processual de execução, não se arma nenhuma relação jurídica que vincule pessoal, fiduciária e diretamente o depositário ao exequente, fazendo falecer qualquer legitimidade ativa ou interesse de agir do credor para propor a ação de

---

(95) *Op. cit.*, p.142.

(96) No mesmo sentido, TEIXEIRA FILHO, Manoel Antonio. *Execução no processo do trabalho*. 7. ed. São Paulo: LTr, 2001. p. 482, professa literalmente: "Assim, se o devedor-depositário deixar de entregar os bens ao arrematante ou ao adjudicatário, poderá ser preso em decorrência de sua *infidelidade* quanto aos deveres ínsitos a essa atribuição de auxiliar da justiça".

(97) Disponível em: <www.stf.jus.br/portal/jurisprudencia/listarJurisprudencia.asp?s1=619.NUME.%20E%20S. FLSV.&base=base Sumulas> Acesso em: 11 ago. 2010.

depósito, pois, em primeiro lugar, não há transferência fidejussória da propriedade sobre o bem constrito que continua no patrimônio do devedor e, por vezes, na sua própria posse imediata; em segundo, são ineficazes os atos de alienação de bens penhorados, daí a desnecessidade daquela prestação jurisdicional; e, em terceiro, porque cabe ao próprio Magistrado dar cumprimento às suas ordens emanadas no processo.

Analisada a redação da Súmula n. 619, do STF, pode-se verificar que o entendimento se destinava apenas à figura do depositário judicial, daí porque se repelem as críticas doutrinárias[98] que foram dirigidas ao verbete indigitado, porquanto entendemos que deveriam ter sido destinadas apenas à interpretação generalizada de seu teor, embasando sua aplicação sobre as outras hipóteses contratuais de depósito, especialmente o civil e o equiparado referente à alienação fiduciária em garantia, ocasiões em que, frustrada a ação de busca e apreensão da coisa, impunha-se a propositura da ação de depósito, nos termos dos arts. 901 a 906, do CPC, na qual, mercê de sua natureza de ação de conhecimento, deveria ser consagrado o direito à ampla defesa do depositário.

Foi na esteira desse raciocínio e seguindo o entendimento esposado na Súmula n. 619, do STF, que a Lei n. 11.382/2006 introduziu no Código de Processo Civil a norma do parágrafo terceiro do art. 666, dispondo, textualmente, o seguinte: "A prisão do depositário judicial será decretada no próprio processo, independente de ação de depósito".

Por outro lado, considerando que a função do depositário judicial de bens penhorados pode recair em várias personalidades jurídicas, inclusive em terceiros e no próprio credor, e não havendo qualquer traço contratual na relação jurídica deflagrada, a qual é regida por normas de direito público, não se deve, nem mesmo subliminarmente, atrelar essa hipótese de determinação judicial de confinamento pessoal à dívida em execução, com o fito de se declarar sua vedação sob o fundamento do entinema referente à afronta à Convenção Americana de Direitos Humanos ratificada pelo Brasil; do contrário, estar-se-á limitando injustificadamente a atuação do poder jurisdicional e se promovendo, inclusive, severa antinomia ao direito fundamental alusivo à efetividade e tempestividade da prestação da tutela jurisdicional, consagrado no art. 5º, LXXVIII, da CF/88, acrescentado pela Emenda Constitucional n. 45/2004.

Na verdade, observados seus elementos constitutivos, não há qualquer coincidência entre as modalidades do depósito civil e do depósito judicial, relacionando-se apenas de forma lindeira pela utilização de uma expressão polissêmica, genérica e não unívoca, que distorce completamente os fundamentos de sua utilização.

O pressuposto de validade da prisão civil do depositário judicial, ao contrário do que se possa imaginar, não está no permissivo constitucional da retenção civil do depositário infiel como exceção ao princípio da proibição da prisão civil por dívida, pois, na verdade, justifica-se pelo seu caráter *contempt of court*, em nada dizendo respeito

---

(98) Por todos, veja-se MAZZUOLI, Valério de Oliveira. Op. cit., p. 46-47.

ao direito obrigacional discutido, sentenciado e em execução, tratando-se de uma medida coercitiva indireta emanada sobre a vontade do *Custode*, a fim de que cumpra fidedignamente os encargos assumidos sob a égide de normas de direito público, obedecendo ao mandamento judicial para a entrega da coisa no estado em que se encontrava no momento da nomeação.

A esse propósito, posiciona-se expressamente Sérgio Cruz Arenhart[99], senão vejamos:

> É verdade que nem todo depósito é obrigacional, mas é indiscutível que há depósitos de cunho obrigacional. É precisamente para a proteção destes depósitos que a lei proíbe o recurso à prisão civil. Os depósitos com outras naturezas não ficam abrangidos pela norma proibitiva do art. 5º, LXVII, da CF, autorizando sua tutela por meio deste mecanismo de coerção. Esta é a conclusão necessária a que se chega, a partir da conjugação dos vocábulos "dívida" e "depositário", contidos no dispositivo constitucional. Novamente é preciso lembrar: a menção, no texto constitucional, à palavra "dívida" deve ter algum significado; não se pode simplesmente esquecer a sua presença no texto constitucional, a pretexto de garantir o cidadão contra prisões indevidas.

Mesmo quando a figura do depositário judicial coincide com a do executado, os motivos determinantes da prisão do depositário infiel são as infrações à relação jurídica processual por si firmada diante do *ius imperium* do Estado/juiz, não havendo que se perquirir sobre a relação obrigacional deduzida em Juízo.

Com efeito, a retenção do depositário judicial infiel possui uma autonomia hermenêutica própria que é desvinculada e transcendental à dívida deduzida na lide, pois não se nos afigura lógico e razoável que se possa fazer uma inter-relação coerente entre esse elemento obrigacional e os terceiros sobre os quais podem sopesar o fardo.

Não nos parece crível, por exemplo, que, no processo trabalhista, o exequente, uma vez nomeado depositário, descumprindo suas obrigações respectivas e não promovendo a adjudicação da *res pignorata*, possa ser preso sob a fundamentação de que se trata de uma retenção civil por dívida da qual, na verdade, é o credor.

Assim, a prisão do depositário infiel é civil porque aplicada em processos submetidos à jurisdição civil ou não penal, mas, verdadeiramente, não possui qualquer vinculação com a dívida em execução, na medida em que decorre do descumprimento dos encargos oriundos de uma relação jurídica intraprocessual e de direito público que se forma entre o *custode* e o Estado/juiz, a qual não pode ser olvidada, negligenciada ou minorada na compreensão da problemática em questão.

Pontue-se que não se pode admitir como razoável a correlação gênero/espécie entre a prisão civil por dívida e a retenção civil do depositário judicial infiel, sem se

---

(99) *Perfis da tutela inibitória coletiva*. São Paulo: Revista dos Tribunais, 2003. p. 393-394.

impor, do ponto de vista da construção cognitiva, uma flagrante e inaceitável violação do todo e da parte do texto constitucional, viciando-se o princípio hermenêutico da totalidade durante o seu processo de interpretação e compreensão.

Sobressai, portanto, que a estrutura de linguagem concernente à locução constitucional *prisão civil do depositário infiel* possui uma autonomia de sentido que se espraia em relação aos depósitos contratuais, nos quais o decreto prisional objetiva o cumprimento da dívida fidejussória, não se adequando, portanto, ao fundamento de direito público alusivo à retenção pessoal do depositário judicial de bens penhorados, o qual não pode ser arbitrariamente alterado pelo intérprete, a fim de reduzi-lo a uma uniformidade forçada, arrolando-o no contexto discursivo da temática sobre a prisão civil por dívida trazida pelo art. 5º, LXVII, da CF/88 e a aderência da Convenção Americana de Direitos Humanos de 1969 no sistema jurídico brasileiro.

Em específico a essa matéria, Sérgio Cruz Arenhart[100] testifica que:

(...) parece-nos inquestionável concluir que o direito brasileiro autoriza diversos regimes jurídicos para o depósito, não se podendo, por consequência, reduzir todos ao regime padrão (previsto para o depósito obrigacional). É dizer que o depósito necessário não deve, obrigatoriamente, sujeitar-se ao mesmo regime previsto para o depósito convencional. Essa conclusão deve valer, também, para a questão da prisão civil, mesmo porque em relação a essa modalidade de depósito, não haverá em situação nenhuma qualquer modalidade de prisão civil por dívida.

Por outro lado, é de se destacar que a Convenção Americana de Direitos Humanos de 1969 absolutamente não repele a prisão de natureza *contempt of court*, conforme se depreende do teor do art. 7º, item 2, *in literis*[101]:

> 2. Ninguém pode ser privado de sua liberdade física, salvo pelas causas e nas condições previamente fixadas pelas Constituições políticas dos estados-partes ou pelas leis de acordo com elas promulgadas.

É evidente que a Convenção Americana de Direitos Humanos não veda as prisões processuais de natureza *contempt of court*, tomadas com fulcro na legislação vigente, pois, nesses casos, não se está em jogo a dívida, mas a salvaguarda da autoridade do Direito, da dignidade do Poder Judiciário e dos primados de justiça incrustados no sentimento da sociedade, não estando, portanto, banida do ordenamento jurídico brasileiro a prisão civil do depositário judicial infiel.

Aliás, a esse respeito, Ada Pelegrini Grinover[102] é incisiva:

> Cumpre notar que a previsão da prisão civil, coercitiva, não é proibida no ordenamento brasileiro, cuja Constituição veda a prisão por dívidas (ressalvadas as

---

[100] *Op. cit.*, p. 392.

[101] SAN JOSE DA COSTA RICA. Convenção Americana de Direitos Humanos (1969). Disponível em: <http://www2.idh.org.br/casdh.htm> Acesso em: 11 ago. 2010.

[102] *A marcha do processo*. Rio de Janeiro: Forense Universitária, 2000. p. 67.

hipótese de devedor de alimentos e do depositário infiel), nem pela Convenção Americana dos Direitos do Homem, cujo art. 7º afirma que ninguém pode ser preso por dívidas, exceto o devedor de alimentos.

A se julgar razoável o entendimento de que a Convenção Americana de Direitos Humanos veda o confinamento *contempt of court* do depositário judicial de bens penhorados, é bem dizer que também estariam alijadas do sistema jurídico brasileiro as medidas de apoio concernentes a coações pessoais autorizadas em face do descumprimento de tutelas específicas de obrigações de fazer ou não fazer, conforme o teor do art. 461, § 5º, do CPC, e ainda, de forma idêntica, do art. 84, § 5º, da Lei n. 8.078/90 (Código de Defesa do Consumidor[103]), as quais são modalidades executivas tidas como um grande avanço do direito processual pátrio na direção da entrega efetiva da tutela sobre os bens e direitos violados.

Por sua vez, do ponto de vista sancionatório, é bastante discutível a proteção à liberdade individual consagrada por aqueles que entendem que a prisão civil do depositário judicial infiel restou banida pela ratificação da Convenção Internacional de Direitos Humanos pelo Brasil, na medida em que transforma sua conduta de um ilícito (ato contrário ao direito) processual em um ilícito penal.

A desobediência de provimentos judiciais mandamentais encerra, em regra, o cometimento do ilícito previsto no art. 330, do Código Penal[104], o qual prevê pena de detenção de quinze dias a seis meses e multa, devendo o juiz, cuja ordem foi descumprida, encaminhar ofício com os documentos necessários ao Ministério Público para a abertura de ação penal pública contra o recalcitrante.

Negada a possibilidade de coerção pessoal para que a parte ou o terceiro cumpra a ordem judicial, em tese restará configurado o crime de desobediência, equiparando aquela conduta processual à hipótese do criminal *contempt of court*, punindo-se o recalcitrante, ainda que por um caminho mais remoto ou longínquo, e se preservando, simbolicamente, conforme apregoa Araken de Assis[105], a autoridade judicial.

No caso dos depositários judiciais infiéis, dependendo da conduta fáctica apurada no processo, a criminalização da desobediência civil pode importar ainda no cometimento de um crime mais grave, qual seja, o estelionato[106], previsto no art. 171, § 2º, II, do CP,

---

(103) BRASIL. Código de Defesa do Consumidor (1990). Organização dos Textos, notas remissivas e índices por Yussef Said Cahali. 5. ed. São Paulo: Revista dos Tribunais, 2003.

(104) Nesse mesmo sentido, TALAMANI, Eduardo. *Tutela relativa aos deveres de fazer e de não fazer*: e sua extensão aos deveres de entrega de coisa (CPC, arts. 461 e 461-A, CDC, art. 84). 2. ed. São Paulo: Revista dos Tribunais, 2003. p. 306-309.

(105) O contempt of court *no direito brasileiro*, p. 9. Disponível em: <http://www.notadez.com.br/content/noticias.asp?id=12545> Acesso em: 30 ago. 2010.

(106) Aliás, essa circunstância já chegou até a ser positivada para os casos de alienação fiduciária em garantia, conforme se pode inferir do antigo art. 66, § 8°, da Lei n. 4.728/65, com a redação dada pelo Decreto-lei n. 911/69, no qual o devedor-fiduciante foi ilegalmente equiparado ao depositário e cujas disposições foram revogadas pela Lei n. 10.931/2004.

de seguinte teor: "vende, permuta, dá em pagamento ou em garantia coisa própria inalienável, gravada de ônus ou litigiosa, ou imóvel que prometeu vender a terceiro, mediante pagamento em prestações, silenciando sobre qualquer dessas circunstâncias."[107]

Obtempere-se também que, ao promover um processo interpretativo de busca de sentido da garantia trazida pelo art. 5º, LXVII, da CF/88, o intérprete deve promover uma autorreflexão, cotejando-o, teleologicamente, com os demais princípios que integram o texto constitucional, especialmente com a garantia da efetividade e tempestividade da prestação da tutela jurisdicional, a fim de que tais regramentos possam conviver harmoniosamente.

Na preservação reflexiva que o intérprete deve professar em relação à ordem e à unidade do sistema, deverá ser colmatada a deficiência jurídica existente na correlação do postulado trazido pelo art. 5º, LXVII, da CF/88 com a prisão civil do depositário judicial infiel, seja detectando a inexistência de taxonomia da hipótese constitucional com a espécie processual aludida, seja percebendo a falácia de se limitar a atuação jurisdicional nessa hipótese, consagrando, supostamente, o postulado fundamental da liberdade individual em detrimento de outro direito fundamental de matiz coletiva, qual seja, a entrega de uma prestação jurisdicional eficaz e célere à sociedade.

---

(107) Disponível em: <http://www.planalto.gov.br/ccivil/Decreto-Lei/Del2848.htm> Acesso em: 2 dez. 2010.

Capítulo III

Conflito de Direitos Fundamentais: Liberdade Individual x Efetividade da Tutela Jurisdicional

3.1. Terminologias, definição e categorias dos direitos fundamentais

Historicamente, a dogmática jurídica tem empregado uma gama de expressões semânticas diferentes para se referir aos direitos fundamentais, abordando a matéria sob o rótulo de direitos do homem ou direitos humanos, direitos subjetivos públicos, liberdades públicas, liberdades fundamentais, entre outros, não sendo incomum que essa variação também ocorra no próprio direito positivo, já que a Constituição Federal de 1988, por exemplo, quando se dedica à matéria sob o prisma internacional, se utiliza do epíteto "direitos humanos", conforme se pode verificar da dicção dos arts. 4º, II, e 5º, § 3º, enquanto, no plano interno, expressa-se através da terminologia "direitos e garantias fundamentais", como no Título II e no art. 5º, § 1º, direitos e liberdades constitucionais, como no art. 5º, LXX, e direitos e garantias individuais, a teor do art. 60, § 4º, IV.

Cada acepção terminológica carrega consigo o vezo da ordem política que domina e dá vida ao sistema jurídico vigente. Assim, de acordo com José Joaquim Gomes Canotilho[108], a denominação "direitos do homem" era bem ao feitio de uma concepção jusnaturalista dessas garantias, como sendo algo imanente a cada indivíduo em todos os povos e tempos, antes mesmo de qualquer contrato social[109], enquanto os epítetos direitos civis, liberdades individuais, liberdades fundamentais ou garantia das liberdades públicas proclamavam tais prerrogativas sob o âmago de sua positivação no ordenamento jurídico, refletindo melhor a filosofia individualista preconizada pelo espírito liberal.

No momento atual, a expressão "direitos fundamentais" tem sido a mais usual na dogmática jurídica brasileira, posto que emblema a maior parte do disciplinamento

---

(108) *Direito constitucional.* 6. ed. Coimbra: Almedina, 1993. p. 542-544.

(109) Ingo Wolfgang Sarlet nega, estribado nas lições de Bobbio, a equiparação da expressão direitos humanos a de direitos naturais, mercê de sua dimensão histórica reconhecida pelo direito positivo. *A eficácia dos direitos fundamentais.* 2. ed. Porto Alegre: Livraria do Advogado, 2001. p. 33-34.

constitucional sobre a matéria, bem como outorga um caráter bastante genérico que autoriza o reconhecimento como tais de direitos de diversos matizes, como os individuais, os coletivos, os sociais e políticos e os de liberdade e de igualdade.

Essa terminologia forja também a ideia de fundamentabilidade dos direitos como conteúdos de densidade e força constitucional, seja no plano formal, como parte integrante da Constituição escrita, mesmo fora do catálogo de direitos fundamentais, seja no plano material, com a abertura da Constituição a outros direitos fundamentais não inseridos no seu texto, mas que são assim considerados em razão de sua abrangência e validade universal, além de serem decorrentes do regime e princípios por ela adotados ou dos tratados internacionais de que o Brasil faça parte (art. 5º, § 2º, da Constituição Federal de 1988).

Sobre a fundamentabilidade dos direitos materialmente fundamentais, professa J. J. Canotilho [110]:

> Daí que os autores se refiram também aqui ao princípio da não identificação ou da cláusula aberta. Problema é o de saber como distinguir, dentre os direitos sem assento constitucional, aqueles com dignidade suficiente para serem considerados fundamentais. A orientação tendencial de princípio é a de considerar como direitos extraconstitucionais materialmente fundamentais os direitos equiparáveis pelo seu objecto e importância aos diversos tipos de direitos formalmente fundamentais. Neste sentido, o âmbito normativo do art. 16º /1 «alarga-se» ou «abre-se» a todos os direitos fundamentais e não, como já se pretendeu, a uma certa categoria deles — os direitos, liberdades e garantias.

De acordo com Robert Alexy[111], o caráter abstrato e genérico das proposições jurídicas fundamentais permitiu a Georg Jellinek, ainda no final do século XIX, a elaboração de uma teoria analítica sobre a situação ou relação entre o Estado e o cidadão, definindo os direitos em quatro *status*: *status* passivo ou *subjectionis*, *status* negativo ou *libertatis*, *status* positivo ou *civitatis* e *status* ativo ou político ou da cidadania ativa.

O *status* passivo caracteriza-se não só pela sujeição do indivíduo ao Estado no campo das obrigações, mas também pela totalidade de deveres e obrigações impostas pelo poder público ao cidadão no exercício de suas competências estatais[112].

No *status* negativo, conformam-se os chamados direitos de defesa ou de resistência à atuação estatal, ou seja, os que dizem respeito às faculdades ou liberdades públicas que limitam a interferência do Estado na órbita individual, cominando-lhe uma obrigação de se abster, isto é, não fazer ou tolerar o exercício da atuação privada, especialmente no campo da atividade econômica e da propriedade, sendo considerado,

---

(110) Op. cit., p. 553.

(111) *Teoria dos direitos fundamentais*. Trad. de: Virgílio Afonso da Silva. São Paulo: Malheiros, 2008. p. 255.

(112) Conforme Alexy, em *Teoria dos direitos fundamentais*. Trad. de: Virgílio Afonso da Silva. São Paulo: Malheiros, 2008. p. 256.

na expressão de Dimitri Dimoulis e Leonardo Martins[113], como a função original dos direitos fundamentais proclamados nas Declarações de direitos do século XVIII. Em um sentido estrito, o *status* negativo corresponderia apenas às liberdades não protegidas, enquanto, numa acepção ampla, consistiria também em direitos a ações negativas do Estado com caráter protetivo daquelas[114].

No comparativo desses dois *status*, observa-se a abertura de duas possibilidades lógicas mutuamente excludentes, pois enquanto no primeiro se constitui um *espaço de obrigações* do indivíduo, diante de sua sujeição às prescrições obrigatórias e limitadoras de sua atuação, no segundo se cria o *espaço das liberdades* que se caracteriza pela existência de garantias individuais e, respectivamente, pela impossibilidade de interferência estatal na sua área de atuação. É possível se dizer, pois, que o que não é proibido é permitido e que, conforme argumenta Robert Alexy[115], a ampliação do espaço das obrigações implica em diminuição do espaço das liberdades e vice-versa.

No *status* positivo ou *civitatis*, o indivíduo detém o direito a algo do Estado, isto é, a uma prestação estatal para a garantia do exercício das liberdades que lhe foram consagradas no *status* negativo. Nesse caso, para a consagração da liberdade do cidadão, impõe-se não a ausência de interferência do poder público (como ocorre no *status* negativo), mas a efetiva prestação estatal positiva ou negativa para fomentar a possibilidade de atuação da garantia, podendo-se falar em espaço de obrigações do Estado ou, como diz Alexy[116], "*status* passivo do Estado". Na sua acepção mais ampla, o *status* positivo congrega tanto as prestações positivas quanto as negativas do Estado necessárias ao exercício da liberdade, enquanto, em um sentido estrito, envolve apenas as primeiras[117].

A categoria de direitos fundamentais referentes ao *status* ativo ou político é marcada por direitos de participação do indivíduo na política estatal com competência para interferir em sua esfera de decisão.

Numa palavra, levando em conta a posição do indivíduo perante o Estado, o *status* passivo pode ser encarado no sentido de obrigação, o *status* negativo como faculdade, o *status* positivo como direito a algo ou prestação e o *status* político segundo o viés de competência ou participação.

Conforme Konrad Hesse, o que confere *status* aos direitos fundamentais é o fato de aglutinar um duplo caráter[118]: de direitos subjetivos, de um lado, e, simultaneamente,

---

(113) DIMOULIS, Dimitri; MARTINS, Leonardo. *Teoria geral dos direitos fundamentais*. 2. ed. São Paulo: Revista dos Tribunais, 2008. p. 57.

(114) *Op. cit.*, p. 267.

(115) *Ibidem*, p. 261.

(116) *Ibidem*, p. 265.

(117) *Ibidem*, p. 267.

(118) *Elementos de direito constitucional da República Federal da Alemanha*. Trad. de: Luís Afonso Heck da 20. edição alemã. Porto Alegre: Sergio Antônio Fabris, 1998. p. 229-230.

de elementos fundamentais da ordem objetiva da coletividade, pois determinam e asseguram a situação jurídica do particular e as insere no contexto e realidade da ordem democrática e estatal-jurídica.

Da mesma forma, explicando a teoria institucional acerca dos direitos fundamentais, J. J. Canotilho[119] realça o seu duplo caráter, observando a necessidade de serem limitados na dimensão individual para se reforçar a dimensão institucional de tais garantias clássicas, o que permite a inferência de que, de há muito, sua concessão constitucional não se alberga no indivíduo isolado, prepotente e arrogante moldado pela doutrina liberal clássica, mas, sim, a partir de sua conexão com a coletividade e os interesses sociais.

Nesse contexto, dissentindo da concepção meramente formal da teoria de Jellinek, Konrad Hesse compreende que os direitos fundamentais conferem um *status* jurídico-constitucional ao particular, fomentando um *status cívico geral* de índole material[120] compreendido por direitos e deveres concretos, determinados e limitados materialmente, em cuja atualização e cumprimento a ordem jurídica coletiva ganha realidade, não se reduzindo às categorias formais, abstratas e de submissão presentes na relação entre o Estado e o indivíduo.

3.2. Direitos fundamentais estruturados em regras e princípios

A importância do estudo sobre a estrutura das proposições de direito fundamental remete às formas de resolução das tensões ou conflitos existentes sobre os bens jurídicos tutelados quando da sua aplicação pelo Juiz no caso concreto. Com efeito, enquanto o conflito de regras é, em geral, solucionado através da realização de uma interpretação sistemática sob a ótica subsuntiva binária da validade/não validade dos preceitos que é aferida pelos critérios da superioridade, especialidade ou posterioridade, a colisão de princípios cede passo à elaboração de regras de preferência ou precedência como condição para sua eficácia na situação deduzida em particular, buscando-se apoio no princípio da proporcionalidade.

Dentro de sua concepção deôntica, isto é, sob o pálio das prescrições do dever-ser, as normas de direito fundamental ou são regras ou são princípios ou detêm ainda o dúplice caráter de princípios-regras.

A doutrina[121] estabelece variados critérios para a diferenciação das normas entre regras e princípios, tais como a generalidade ou abstração maior desses últimos em relação às primeiras, a determinabilidade dos casos de aplicação, a forma de seu surgimento, a explicitude de seu caráter axiológico, a referência à ideia de direito ou de uma lei jurídica suprema, a importância para ordem jurídica, bem assim o fato de

---

(119) *Op. cit.*, p. 508.
(120) *Ibidem*, p. 230.
(121) Por todos, vide ALEXY, Robert. *Op. cit.*, p. 87-89.

se constituírem em razões para as regras ou serem elas mesmas as regras, e, finalmente, o de se traduzirem em normas de argumentação ou normas de comportamento.

Robert Alexy[122] chama a atenção para o fato de que esses critérios direcionam-se para três teses possíveis a respeito do estudo da matéria em epígrafe: a primeira, de que as tentativas de diferenciação das normas em regras e princípios convergem para o fracasso, diante da heterogeneidade dos critérios estabelecidos para tanto; a segunda, de que a distinção decisiva se baseia na ideia de grau ou graduação entre essas prescrições; e, finalmente, a terceira, que compreende essa dicotomia a partir da dimensão qualitativa dessas espécies.

Nesse contexto, filiando-se à corrente da diferenciação qualitativa, Robert Alexy arremata que os princípios são mandamentos de otimização para que algo seja realizado na maior medida possível dentro das possibilidades fáticas e jurídicas existentes, enquanto as regras são determinações no âmbito daquilo que é fática e juridicamente possível[123]. Por outro lado, quando a norma de direito fundamental prescreve não apenas um mandamento de otimização, mas fixa alguma determinação a respeito do princípio, assume um caráter duplo de princípio-regra[124].

As lições de J. J. Canotilho a respeito da distinção entre regras e princípios seguem a linha de Alexy. No seu sentir, as regras "são normas que, verificados determinados pressupostos, exigem, proíbem ou permitem algo em termos definitivos, sem qualquer excepção (direito definitivo)", enquanto os princípios "não proíbem, permitem ou exigem algo em termos de «tudo ou nada»; impõem a optimização de um direito ou de um bem jurídico, tendo em conta a «reserva do possível», fáctica ou jurídica"[125].

O jurista lusitano remembra ainda duas noções importantíssimas que devem balizar o estudo sobre a estrutura das normas de direitos fundamentais, a solução de suas antinomias e, inclusive, a ponderação concreta sobre as regras de precedência: a primeira diz respeito às dimensões subjetiva e objetiva das regras e princípios que estabelecem os direitos fundamentais, conforme vicejem direitos subjetivos fundamentais ou normas meramente objetivas. A segunda concerne à fundamentação constitucional dessas normas, a saber, a fundamentação subjetiva reveladora da importância e da significação do conteúdo da norma para o indivíduo, seus interesses, suas situações da vida e sua liberdade, e a fundamentação objetiva, cuja dimensão axiológica do direito é dirigida à coletividade, ao interesse público e à vida comunitária.[126]

Ronald Dworkin[127] não discrepa em linhas gerais dessa distinção qualitativa entre tais espécies normativas. Com efeito, concebe as regras, a que denomina de normas, e

---

(122) Ibidem, p. 89-90.

(123) Ibidem, p. 90-91.

(124) Ibidem, p. 139-141.

(125) Op. cit., p. 533-534.

(126) Ibidem, p. 535.

(127) *Los derechos em serio*. Trad. de: Marta Gustavino. 5. ed. Barcelona: Ariel, 2002. p. 75-80.

os princípios como conjuntos de estandartes que apontam para decisões particulares referentes à obrigação jurídica em determinadas circunstâncias, diferindo quanto ao caráter da orientação que dão. Enquanto as normas são aplicáveis de maneira disjuntiva, ou seja, atuam na base do tudo ou nada, e, na hipótese de conflito entre elas, a antinomia é resolvida com a declaração de invalidade de uma delas, a partir de critérios como o da superioridade, posterioridade, especialidade ou outro similar, os princípios transcendem a uma magnitude que falta àquelas, qual seja, a dimensão do peso ou importância, a qual não remete a uma mediação exata da tensão existente entre eles, o que, frequentemente, no seu sentir, será motivo de controvérsia.

Rebatendo as críticas de Dworkin, Herbert L. A. Hart, professor da Universidade de Oxforf, reconhece, em pós-escrito, como um defeito de sua obra ter tratado dos princípios apenas de passagem e esclarece que não teve a intenção de conceber o ordenamento como um tecido composto apenas por regras de tudo ou nada ou regras quase-conclusivas, chamando a atenção para o que denominou de *padrões jurídicos variáveis* a serem levados em consideração e ponderados na casuística. No entanto, entende incoerente a divisão de um sistema jurídico em regras de tudo ou nada e princípios que possuem caráter não conclusivo, concebendo que a distinção deve ser inferida apenas como uma questão de grau, pois as normas, em caso de conflito, concorrerão quanto à aplicabilidade não de forma disjuntiva, mas a partir do seu princípio justificativo avaliado em cada caso concreto.[128]

Sob o âmago da vinculação à Constituição Federal, é possível se estabelecer uma primazia hierárquica das regras em relação aos princípios, haja vista que, em geral, não se pode otimizar a eficácia de qualquer mandamento quando o legislador constitucional impõe uma norma, isto é, uma determinação em sentido contrário.

No entanto, esse primado das regras sobre os princípios não é absoluto ou estrito, mesmo porque entre essas espécies não se engendra uma solução a reboque do plano da validade, mas sim de critérios de precedência. Por outro lado, as regras não possuem um caráter ilimitado que lhes permita fugir aos primados da realidade social e apresentar resultados práticos irrazoáveis.

A esse propósito, Robert Alexy[129] se manifesta textualmente:

A relação de primazia entre os dois níveis não é, portanto, uma primazia estrita. Na verdade, aplica-se a regra de precedência, segundo a qual o nível das regras tem primazia em face do nível dos princípios, a não ser que as razões para outras determinações que não aquelas definidas no nível das regras sejam tão fortes que também o princípio da vinculação ao teor literal da Constituição possa ser afastado. A questão da força dessas razões é o objeto da argumentação constitucional.

Sem embargo da correlação feita por Alexy, parte da doutrina entende inexistir a possibilidade de conflitos entre regras e princípios, porquanto aquelas são a concreção

---

(128) *O conceito de direito*. 2. ed. Lisboa: Fundação Calouste Gulbenkian, 1994. p. 321-325.

(129) *Po. cit.*, p. 141.

destes últimos, daí porque a eventual tensão entre eles se passa no nível dos princípios envolvidos, operando-se o que Norberto Bobbio[130] chama de "antinomia imprópria ou de princípios"[131].

3.3. Da tutela jurídica da liberdade

Do ponto de vista do ser humano, a palavra liberdade é indissociável a uma conotação emocional, de modo que tudo que seja bom, bonito e almejável guarda, de alguma forma, referência com essa expressão, sentindo-se livre todo aquele que acalenta alcançar tais aspirações, sem amarras ou peias, especialmente quando antevemos esse valor segundo a concepção liberal legada pelo sistema continental à cultura hodierna do ocidente.

Sobre a problemática do conceito de liberdade, Montesquieu[132] se pronunciou da seguinte forma:

> Não existe palavra que tenha recebido tantos significados e tenha marcado os espíritos de tantas maneiras quanto a palavra liberdade. Uns a tomaram como a facilidade de depor aquele a quem deram um poder tirânico; outros, como a faculdade de eleger a quem devem obedecer; outros, como o direito de estarem armados e de poderem exercer a violência; estes, como o privilégio de só serem governados por um homem de sua nação, ou por suas próprias leis. Certo povo tomou por muito tempo a liberdade como sendo o costume de possuir uma longa barba. Estes ligaram este nome a uma forma de governo e excluíram as outras. Aqueles que experimentaram o governo republicano colocaram-na neste governo; aqueles que gozaram do governo monárquico puseram-na na monarquia. Enfim, cada um chamou liberdade ao governo conforme a seus costumes ou a suas inclinações.

Essa conotação emotiva ou avaliativa se conecta a significados descritivos cambiantes, engendrando, conforme aponta Robert Alexy[133], uma definição persuasiva que conquista apoio em torno de uma valoração sem maiores argumentos, o que depõe contra sua perenidade conceitual e popularidade de sua utilização, fomentando uma ferramenta ideológica de dominação do comportamento humano, que conduz a uma extensa discussão sob o âmago da filosofia jurídica, política, social, econômica e moral, a qual escapa ao objeto desta obra.

Restringimo-nos ao conceito de liberdade jurídica que, em sentido amplo, equivale ao direito à liberdade pessoal ou física ou de movimentos ou de não ser confinado a um

---

(130) *Teoria do ordenamento jurídico*. Trad. de: Maria Celeste Cordeiro Leite dos Santos. 6. ed. Brasília: Universidade Nacional de Brasília, 1995. fls. 90.

(131) No mesmo sentido do texto, Eros Roberto Grau, em *Ensaio e discurso sobre a interpretação/aplicação do Direito*. 5. ed. São Paulo: Malheiros, 2009. p. 204.

(132) *Op. cit.*, p. 164-165.

(133) *Teoria dos direitos fundamentais*. Trad. de: Virgílio Afonso da Silva. São Paulo: Malheiros, 2008. p. 218.

lugar contra sua vontade, e que, em sentido mais estrito, corresponde à definição de permissão jurídica para agir correta e necessariamente em um determinado sentido, como também para fazer ou deixar de fazer algo sem embaraços, restrições ou resistências.

Nesse contexto, cumpre observar que as liberdades jurídicas são qualidades que vinculam ao mesmo tempo um sujeito titular, um obstáculo e um objeto (que pode ser um estado, uma ação ou uma situação tutelada pelo ordenamento), os quais, segundo Robert Alexy, engendram seu desenvolvimento estrutural, a partir de uma relação triádica[134].

Também de acordo com Alexy[135], o objeto da liberdade pode ser constituído por uma alternativa de ação ou somente uma ação. Nesse último caso, a liberdade subsume-se a um caráter positivo equivalente ao agir correto, não sendo oferecido ao titular uma alternativa de comportamento, a exemplo do que ocorre com a liberdade de votar no sistema jurídico brasileiro, em que o cidadão é livre para votar da forma que melhor aprouver; no entanto, não pode, livremente, abster-se do processo eleitoral sem que lhe incorra a imposição de uma sanção estatal.

Por outro lado, se o objeto da liberdade confere ao titular uma alternativa de ação, ou seja, o direito a fazer ou não fazer algo sem qualquer embaraço, está-se diante da feição negativa da liberdade, de grande importância no estudo de tais garantias sob a ótica dos direitos fundamentais e, pois, da dignidade da pessoa humana.

Deve ser mencionada, por sua vez, a distinção entre liberdade negativa em sentido estrito e em sentido amplo[136], conforme a natureza do obstáculo que se lhe impõe.

Se o obstáculo à liberdade negativa decorre da ação positiva de terceiro e, especialmente, do Estado, encontra-se a chamada liberdade negativa em sentido estrito ou, simplesmente, liberdade liberal, concebida como um direito de defesa, aos moldes originários da doutrina dos direitos fundamentais.

Noutro giro, se o obstáculo à liberdade negativa não se circunscreve a ações obstaculizantes positivas de particulares ou do Estado, mas encontra embaraços de ordem econômica e social, estamos diante da chamada liberdade negativa em sentido amplo, a qual abrange a primeira e é, materialmente, irrealizável se o titular estiver em posição de hipossuficiência econômica, desembocando-se no conceito de liberdade econômico--social, cujos entraves devem ser dirimidos pelo poder público, inclusive o judiciário.

As liberdades jurídicas podem ainda ser classificadas em liberdades não protegidas e protegidas[137].

As primeiras reduzem-se às permissões jurídicas para fazer ou não fazer algo, seja na hipótese de haver previsão legal expressa nesse sentido, seja quando a situação não

---

(134) Ibidem, p. 220.

(135) Ibidem, p. 220-221.

(136) Ainda conforme Alexy, op. cit., p. 223 e 351.

(137) Ibidem, p. 227-234.

foi legislada por parecer indiferente aos olhos do legislador, entronizando a conclusão segundo a qual o que não é proibido é permitido por inexistirem condutas de dever-ser proibitivas a respeito.

Por seu turno, as liberdades protegidas são as circundadas por um sistema de normas e garantias que lhes protegem substancialmente quanto a eventuais obstáculos e violações. As proteções às liberdades jurídicas podem se dar de quatro maneiras distintas: subjetivamente, conferindo ao titular direitos subjetivos, objetivamente, prevendo-se um direito objetivo a seu favor, e, ainda, positivamente ou negativamente, exigindo-se do Estado ou de terceiro, de forma respectiva, ações positivas ou negativas para sua observância.

Em rigor, a liberdade a que se refere o proibitivo constitucional da prisão civil por dívidas é de natureza negativa em sentido estrito, sendo, pois, uma liberdade de cunho liberal, consistente em verdadeiro direito de defesa contra constrangimentos pessoais a serem causados pelo Estado na hipótese de inadimplemento voluntário de obrigações. Por sua vez, a exemplo das demais liberdades fundamentais, é protegida por um sistema de normas que a garante como instituição, o qual se ultima não pela descrição ou detalhamento da regra geral proibitiva, senão pelo regramento instrumental a ser seguido nas hipóteses exceptivas do alimentante e do depositário infiel.

Sob outro enfoque, é bem de ver que a dogmática contemporânea promoveu profunda transformação a respeito da tutela jurídica da liberdade e da interpretação constitucional sobre os direitos fundamentais, tendo-se saído do âmago da esfera jurídica subjetiva individual para uma concepção mais objetiva e institucional que se ampara na própria Constituição e que otimiza a proteção jurídica para o contexto social, ou seja, em benefício da coletividade.

Conforme observa Paulo Bonavides[138], com a segunda dimensão dos direitos fundamentais, ocorreu uma "institucionalização jurídica da liberdade", de modo que seu conceito jurídico passa a ficar impregnado de um teor finalístico, isto é, teleológico, desatado por inteiro daquele puro sentido de abstração e generalidade que brotava da noção original de cunho clássico, individualista e desprendida da realidade.

Assim, eventuais restrições à liberdade, antes cunhadas prévia e aprioristicamente de negativas, passaram a ser, no exame de casos vertentes, apreciadas construtivamente com respaldo no princípio da unidade da Constituição e inferidas de forma concreta quanto à prevalência da sua dimensão jurídico-individual ou da jurídico-coletiva através do princípio da proporcionalidade.

3.4. Do acesso à justiça e da efetividade processual como direitos fundamentais

De acordo com a teoria de Jellinek, o *status positivo* em sentido estrito das liberdades fundamentais corresponde ao direito a uma prestação positiva do Estado. Nesse contexto,

---

(138) *Curso de direito constitucional*. 12. ed. São Paulo: Malheiros, 2002. p. 571.

encaixam-se as garantias de acesso à justiça e efetividade processual, as quais serão tratadas como sinônimos, ante a sua complementariedade e mútua correspectividade à obtenção de provimento jurisdicional concreto.

Com efeito, distanciando-se da perspectiva liberal sob a qual nasceu a doutrina dos direitos fundamentais, as concessões estatais à esfera jurídica dos cidadãos não podem se circunscrever a proposições meramente programáticas ou simbólicas, de modo que o acesso à justiça somente revela a inteireza de sua fundamentalidade quando refletido não apenas na ribalta do direito ao ingresso ao Judiciário, ou seja, sob o restrito âmago do direito de peticionar, mas, sobretudo, quando pensado no sentido de direito à obtenção de um provimento jurisdicional adequado que salvaguarde a pretensão do titular, o que revela a simbiose daquela garantia original com a temática da efetividade processual e sua aproximação com a ideia de organização e procedimento.

Tal como previsto originalmente, o acesso à justiça, como espelho da igualdade abstrata preconizada no regime liberal clássico, tratava-se de uma liberdade de cunho meramente formal e positivo, pois, a par de permitir um fazer ou um não fazer do respectivo titular, isto é, um peticionar ou não peticionar ao Judiciário, seu efetivo exercício era limitado àqueles que pudessem suportar economicamente as despesas do processo[139].

É bem de ver, portanto, que, a despeito do colossal esforço internacional para se constituir uma base mínima de direitos humanos fundamentais, o espírito liberal sobrevivente e empedernido fomentou-lhes sob uma concepção apriorística, incutindo no âmago popular, conforme adverte o jurista ibérico Herrera Flores[140], o sentimento (conformista) de que fazemos jus a essas garantias, malgrado elas ainda se apresentem destituídas de capacidade igualitária de acesso e condições adequadas para seu exercício.

Sob essa ótica, as Declarações Internacionais de Direitos e as Constituições Sociais do século XX forjaram um efeito entorpecente sobre as massas com a previsão simbólica de tais direitos humanos, a qual, de acordo com Marcelo Neves[141], é caracterizada não pela imediatidade da efetiva satisfação das liberdades estabelecidas, mas por sua imprecisão e caráter mediato de seu sentido que se acrescenta ao seu significado imediato e manifesto de seus preceptivos.

Como apregoam Cappelletti e Garth, para que o acesso à justiça seja efetivo é necessário que o Estado derrube uma série de barreiras materiais e jurídicas para que viceje a igualdade de armas entre os litigantes no processo, o que passa por um regime

---

(139) Conforme Mauro Cappelletti e Bryant Garth, a justiça, assim como outros bens, só poderia ser obtida por aqueles que pudessem enfrentar seus custos, de modo que os economicamente hipossuficientes eram os únicos responsáveis por sua sorte. *Acesso à Justiça*. Trad. de: Ellen Gracie Northfleet. Porto Alegre: Sergio Antônio Fabris, 2002. p. 9.

(140) *A (re)invenção dos Direitos Humanos*. Trad. de: Carlos Roberto Diogo Garcia, Antônio Henrique Graciano Suxberger e Jefferson Aparecido Dias. Florianópolis: Fundação Boiteux, 2009. p. 33.

(141) *A constitucionalização simbólica*. 2. ed. São Paulo: Martins Fontes, 2007. p. 22-23.

jurídico que: diminua o montante das custas e honorários de advogado (promovendo a gratuidade em inúmeros casos), distribua de forma mais equalizada o ônus provocado pela demora do processo, preveja procedimentos jurídicos adequados, inclusive específicos à defesa de direitos difusos e proteja instrumentalmente os litigantes eventuais em detrimento dos habituais.[142]

Na mesma esteira de raciocínio, Cândido Rangel Dinamarco aponta quatro aspectos fundamentais que devem ser finalisticamente observados para que se concretize o direito constitucional de acesso à justiça, a saber: a admissão em juízo, o modo de ser do processo, a justiça das decisões e sua efetividade.[143]

Portanto, as prestações devidas pelo Estado à concretização do acesso à justiça e, pois, da efetividade processual não perpassa apenas aos âmbitos dos Poderes Executivo e Legislativo, mas envolve também o papel do Judiciário na sociedade contemporânea e complexa, o qual passa a ser visto como catalisador de processos hermenêuticos mais comprometidos com o princípio da unidade da Constituição, tanto na sua acepção formal, como no seu sentido material[144], e, pois, com a maior eficácia dos direitos fundamentais, impondo-se que o princípio republicano da separação de poderes seja revisitado com uma nova leitura mais consentânea com o atual momento histórico vivenciado.

A legitimidade para a execução dessa tarefa hermenêutica criativa pelo Judiciário, cujo foco é a realização efetiva da Constituição, decorre dos próprios direitos fundamentais, revelando, conforme Häberle[145], sua feição democrática, pois inexiste constitucionalismo sem a realização material das liberdades materiais previstas no texto constitucional.

Também não se pode olvidar, na doutrina de Häberle, a relevância da legitimidade democrática configurada pela ampliação dos procedimentos destinados a discutir questões constitucionais, bem assim pelo crescente permissivo de participação popular na discussão nos grandes processos, efetivando-se as garantias de cidadania e tornando

---

(142) *Op. cit.*, p. 15-29. Ainda nessa obra, os autores investigam as soluções para os problemas de acesso à justiça, denominando-as de ondas. Assim, a primeira onda ocorrera com a assistência judiciária aos pobres, a segunda com a representação dos interesses difusos, a terceira com o acesso à representação em juízo, centrando atenção no conjunto de instituições e mecanismos, pessoas e procedimentos a serem utilizados para processar e mesmo prevenir disputas nas sociedades modernas. *Ibidem*, p. 31-73.

(143) *A Instrumentalidade do processo.* 5. ed. São Paulo: Malheiros, 1996. p. 273.

(144) De acordo com Paulo Bonavides, o princípio da unidade da Constituição pode ser inferido no sentido formal, reconhecendo-se como fundamentais apenas os direitos assim positivados, e material, interpretando sistemicamente como fundamentais todos aqueles que decorrem de seu arcabouço principiológico. *Op. cit.*, p. 579-580. É evidente que a Carta Magna de 1988 acolhe o princípio da unidade da Constituição em sua acepção material, sendo bastante se verificar o teor do art. 5º, § 2º.

(145) *Hermenêutica constitucional. A sociedade aberta dos intérpretes da Constituição: contribuição para a interpretação pluralista e "procedimental" da Constituição.* Trad. de: Gilmar Ferreira Mendes. Porto Alegre: Sergio Antônio Fabris, 2002. p. 36.

o processo hermenêutico, antes fechado aos artífices formalmente autorizados, muito mais aberto e plural.[146]

Esse giro hermenêutico, que se perpassa instrumentalmente através do processo, ressalta a insuficiência dos velhos métodos da hermenêutica técnica na resolução dos conflitos e, máxime, na concretização dos direitos fundamentais, passando o Judiciário, na apreciação dos casos submetidos a seu crivo, do parâmetro estrito da legalidade para o de constitucionalidade, com base nos princípios da supremacia e unidade da Constituição, da concordância prática de seus preceptivos e do princípio da proporcionalidade, revelando a face objetiva dos direitos fundamentais, a qual se entroniza na feição subjetiva individual para substituir o conceito de eficácia formal pelo de eficácia real, efetiva e concreta das liberdades fundamentais.

Demonstrando o aspecto positivo da instrumentalidade processual, Cândido Rangel Dinamarco adverte, textualmente, sobre a necessidade da mudança do *método de pensamento*, senão vejamos:

> É preciso implantar um novo "método de pensamento", rompendo definitivamente com as velhas posturas introspectivas do sistema e abrindo os olhos para realidade da vida que passa fora do processo. É indispensável colher do mundo político e do social a essência dos valores ali vigorantes, seja para a interpretação das leis que temos *postas*, seja para com suficiente sensibilidade e espírito crítico chegar a novas soluções a propor.[147]

Da mesma forma, Konrad Hesse prescreve que a interpretação constitucional possui significado decisivo na consolidação e preservação de sua força normativa, indicando que os velhos métodos hermenêuticos não são suficientes à concretização de suas garantias:

> A interpretação constitucional está submetida ao princípio da ótima concretização da norma (*Gebot optimaler Verwirklichung der Norm*). Evidentemente, esse princípio não pode ser aplicado com base nos meios fornecidos pela subsunção lógica e pela construção conceitual. Se o direito e, sobretudo a Constituição, têm a sua eficácia condicionada pelos fatos concretos da vida, não se afigura possível que a interpretação faça deles tábula rasa.[148]

3.5. Da tensão entre a liberdade individual e a efetividade processual

É inegável que há importante tensão entre a liberdade individual e o compromisso constitucional com o acesso à justiça e a efetividade processual, pois esta depende da intromissão adequada e eficaz na órbita individual do particular.

---

(146) *Ibidem*, p. 24-25.

(147) *Op. cit.*, p. 271.

(148) *A força normativa da Constituição*. Trad. de Gilmar Ferreira Mendes. Porto Alegre: Sergio Antônio Fabris, 1991. p. 22.

O direito constitucional é marcado, como diz Häberle[149], por conflitos e compromissos (políticos, jurídicos e sociais), na medida em que confronta a realidade normativa estática com a fluidez do real jurídico, já não se podendo falar, mercê dessa mutabilidade, em normas prontas e acabadas para fins de aplicação concreta, devendo-se verificar o caso concreto e sua realidade fáctica para sua aplicabilidade, especialmente quando a liberdade está em conflito com outros direitos igualmente fundamentais, o que faz transcender a ideia de que o titular das garantias também tem deveres fundamentais, não podendo se colocar de forma prepotente e arrogante perante os seus iguais.

Konrad Hesse vaticina que a tensão entre a Constituição jurídica e a real é uma situação necessária e imanente, importando no efeito determinante de que esta última nega a primeira[150]. Conforme o jurista alemão, graças à sua pretensão de eficácia, a Constituição procura imprimir na sua práxis ordem e conformação à realidade política e social, adquirindo, assim, otimizada força normativa.[151]

A tensão entre os direitos fundamentais e, especialmente, entre a liberdade individual e a efetividade processual, considerada como garantia institucional e efetiva dos demais direitos fundamentais[152] e da própria Constituição, não deve ser encarada e resolvida segundo a perspectiva de regras prévias e aprioristicas de solução de antinomias, mas imprescinde da apreciação das circunstâncias que jazem no caso concreto, daí a importância do princípio da proporcionalidade para a interpretação constitucional.

Todo esforço interpretativo deve ser dirigido à efetividade da tutela jurisdicional, pois o processo não pode ser tido como uma inesgotável fonte de decepções e, como argumenta Hesse[153], a partir das palavras de Burckhardt:

> Quem se mostra disposto a sacrificar um interesse em favor da preservação de um princípio constitucional fortalece o respeito à Constituição e garante um bem da vida indispensável à essência do Estado, mormente ao Estado democrático". Aquele que, ao contrário, não se dispõe a esse sacrifício, "malbarata, pouco a pouco, um capital que significa muito mais do que todas as vantagens angariadas e que, desperdiçado, não será mais recuperado.

Com estas advertências, vejamos as espécies de conflitos e os critérios postos pela doutrina para a resolução de antinomias entre regras e princípios jurídicos, e, nesse contexto, o princípio da proporcionalidade e o diálogo das fontes internacionais com o direito interno.

---

(149) *Op. cit.*, p. 51.

(150) *A força normativa da Constituição*. Trad. de; Gilmar Ferreira Mendes. Porto Alegre: Sergio Antônio Fabris, 1991. p. 10-11.

(151) *Ibidem*, p. 15-16.

(152) Segundo Alexy, a proteção jurídica que congraça os direitos fundamentais foi estendida pelo Tribunal Constitucional alemão para um direito à proteção jurídica por meio de procedimentos. *Op. cit.*, p. 476.

(153) *Ibidem*, p. 22.

3.6. Espécies de antinomias ou de colisões de regras jurídicas

Como já ventilado, as antinomias que surgem no momento da aplicação de normas são decorrentes da afronta ao princípio da igualdade pela imputação de efeitos contraditórios sobre uma mesma situação fática, as quais devem ser solucionadas pelo intérprete (o jurista ou o juiz), para evitar a ruptura da ordem e unidade que caracterizam o sistema jurídico.

Para que haja efetivamente uma antinomia entre duas normas jurídicas, de acordo com o magistério de Norberto Bobbio, é necessária a concorrência de duas condições que, a despeito de claras, devem ser mencionadas para melhor luzir o plano em que se processa a tensão: a primeira é de que as regras devem pertencer ao mesmo ordenamento jurídico, e a segunda é a de que devem possuir o mesmo âmbito de validade temporal, espacial, pessoal e material, aflorando a contradição a partir de suas incidências no mesmo tempo e espaço e com relação aos mesmos sujeitos e matérias abordadas.[154]

Como também já anunciado, tendo em vista o pensamento sistemático, as antinomias jurídicas podem ser classificadas, segundo Norberto Bobbio[155], em impróprias e próprias, as quais se subdividem em antinomias solúveis ou aparentes e insolúveis ou reais. Nas primeiras, o intérprete possui critérios para dirimi-las, os quais estão estabelecidos no sistema ou são comumente aceitos na práxis. Nas últimas, o sujeito que interpreta está abandonado a si mesmo para equacionar a contradição, conforme sua própria interpretação.

Segundo Alf Ross[156], as antinomias ou inconsistências entre duas normas podem se operar por três maneiras distintas:

1. inconsistência total-total ou incompatibilidade absoluta, quando nenhuma delas pode ser aplicada sem entrar em conflito com a outra, sendo imprescindível uma interpretação ab-rogativa ou disjuntiva sobre uma delas, a fim de solucionar a tensão;

2. inconsistência total-parcial ou inconsistência de regra geral e particular, na qual uma das normas não pode ser aplicada por colidir com a hipótese de incidência especialmente contemplada em outra norma mais restrita;

3. inconsistência parcial-parcial ou sobreposição de regras, em que se examinará se as regras estão inseridas na mesma norma ou outras distintas com diferentes hierarquias no ordenamento.

As antinomias e os critérios de solução, portanto, são aferíveis caso a caso, conforme a extensão da colisão, fomentando-se, em rigor, uma análise disjuntiva de aplicabilidade sob o prisma da validade (constitucionalidade/legalidade).

---

(154) *Op. cit.*, p. 86-88.

(155) *Ibidem*, p. 92.

(156) *Direito e Justiça*. Trad. de: Edson Bini. Bauru: Edipro, 2000. p. 158-159.

3.7. Dos tipos de colisões de direitos fundamentais

As colisões ou antinomias entre direitos fundamentais têm lugar quando o exercício de um direito fundamental de um titular embaraça ou obstaculiza a atuação de idêntica ou diversa liberdade jurídica de outro titular.

Nessa perspectiva, Robert Alexy[157] refere-se a colisões de direitos fundamentais em sentido estrito e amplo, como a seguir se explica.

Na sua concepção estrita, a colisão consiste no exercício ou na realização de um direito fundamental de um titular com repercussões negativas sobre outros direitos fundamentais de outros titulares. Nessa hipótese, tratam-se dos conflitos de direitos fundamentais idênticos e conflitos de direitos fundamentais distintos.

As colisões de direitos fundamentais idênticos subdividem-se em quatro tipos. No primeiro, há afetação recíproca de um mesmo direito fundamental, enquanto direito de defesa de matiz liberal. No segundo, digladiam-se um direito de defesa liberal de um lado e o direito fundamental de proteção do outro. No terceiro, os conflitos dizem respeito a direitos fundamentais de conteúdo geral, cuja atuação é marcada tanto por um lado negativo quanto por um lado positivo, como, por exemplo, o direito de ter ou não uma crença. Na quarta variação, às possibilidades jurídicas de um direito fundamental acrescenta-se uma fáctica, sendo possível distinguir, por exemplo, dentro do mesmo princípio da igualdade, as de natureza jurídica e fática.

Por sua vez, são as colisões de direitos fundamentais diversos que introduzem as duas ferramentas cruciais para análise dogmática pertinente a essa disciplina, quais sejam, a interpretação sistemática dos direitos fundamentais irradiada sobre todo o ordenamento jurídico e, mormente, sobre o próprio texto constitucional, e a consagração dos critérios de ponderação para a solução do conflito.

Finalmente, em sentido amplo, as colisões de direitos fundamentais são tratadas como sendo as decorrentes do exercício de um direito fundamental em detrimento de normas ou princípios consagradores de bens jurídicos coletivos como a segurança interna, a saúde coletiva, a preservação do meio ambiente, os direitos sociais, entre outros.

3.8. Dos critérios para a solução de colisões entre regras jurídicas

Na avaliação dos critérios para a solução de antinomias, é importante, inicialmente, saber-se qual a autoridade que soluciona a contradição normativa, ou seja, se é o legislador ou o intérprete (a comunidade jurídica ou o juiz) que busca a concordância ordenatória.

No plano legislativo, um eventual conflito entre regras jurídicas pode ser resolvido, simplesmente, por uma criação legislativa diferente sobre a matéria, ou, ainda, pela especificação de um limite imanente ou de uma cláusula de exceção sobre um dos

---

(157) *Constitucionalismo discursivo*. Trad. de: Luís Afonso Heck. 2. ed. Porto Alegre: Livraria do Advogado, 2008. p. 56-62.

direitos conflitantes, conformando sua concordância prática através da redução de seu âmbito normativo, o que, em rigor, eliminaria a antinomia ao largo do plano de validade das normas.

Na seara da aplicação do direito posto, a tensão entre as regras jurídicas de direito fundamental pode ser, em tese, elidida com a declaração de invalidade total ou parcial de uma delas, que ficaria extirpada, conforme o caso, total ou parcialmente do ordenamento jurídico.

É assente na doutrina a existência de três critérios ou regras básicas para a solução de colisões ou antinomias entre normas jurídicas, a saber: o cronológico, o hierárquico e o da especialidade.

O critério cronológico está estabelecido no aforisma latino *lex posterior derogat priori*, o qual significa que a lei posterior derroga a anterior naquilo que com ela for incompatível, conforme inclusive está abraçado no art. 2º, § 2º, da Lei de Introdução ao Código Civil, fazendo prevalecer a última vontade legislativa, já que o direito convive com a necessidade inexorável de adaptação à realidade social e histórica, sendo necessário se evitar a fossilização das normas que já não atendem aos fins que a originaram.

O critério hierárquico fundamenta-se, conforme sua denominação já permite antever, no escalonamento das normas existentes no sistema jurídico, através do qual se extrai a regra lógica de que a *lex superior derogat inferiori*, isto é, de que a lei hierarquicamente superior prevalece sobre a lei hierarquicamente inferior, pois possui maior força ou poder normativo que essa última no âmbito do sistema jurídico como um todo.

Finalmente, de acordo com o critério da especialidade, na hipótese de incompatibilidade entre duas normas, a *lex specialis derogat generalis*, ou seja, a lei especial derroga a geral, levando-se em conta a diferenciação de tratamento sobre a matéria elaborada pelo legislador para regular uma situação particular através de uma proposição mais específica e apropriada para concretizar os postulados de igualdade e justiça na hipótese legislada. Nesse caso, a declaração de invalidade da norma geral restringe-se apenas à parte que se choca com a norma específica, permanecendo, pois, incólume e válida quanto ao mais.

Conforme Dimitri Dimoulis e Leonardo Martins[158], a doutrina alemã se refere a dois tipos de especialidade, vale dizer, a especialidade lógica e a normativa. Na primeira hipótese, a norma específica contém todos os elementos da norma genérica e pelo menos mais um, como, por exemplo, o direito à inviolabilidade de domicílio que alberga todo o suporte fático do direito à liberdade mais o especial referente à privacidade. Na especialidade normativa, os elementos típicos das duas normas colidentes se interseccionam apenas parcialmente, fazendo com que a solução da antinomia seja aferida de acordo com uma maior proximidade material no caso concreto.

---

(158) *Op. cit.*, p. 156.

Tais critérios, contudo, são insuficientes à resolução de todas as colisões de regras jurídicas, pois para sua atuação frutífera se imprescinde que as normas colidentes sejam sucessivas, de níveis hierárquicos diversos e com áreas de atuação aferíveis segundo a taxonomia da generalidade e especialidade, sem embargo de também poder haver antinomias, como adverte Norberto Bobbio[159], entre normas contemporâneas, de mesmo nível e gerais, como sói ocorre nos catálogos de direitos fundamentais.

Bobbio registra ainda que os tratadistas mais antigos forjavam um quarto critério que se referia à forma das normas colidentes, mas que, no seu entender, seria ambíguo e não tão legítimo quanto os outros três[160]. Nesse viés, seria formada uma graduação entre as normas jurídicas imperativas, proibitivas e permissivas, de modo que esta última prevaleceria na hipótese de entrechoque com uma das duas primeiras, promovendo-se a supremacia da interpretação favorável em detrimento da odiosa. Por outro lado, se a colidência ocorresse entre regras imperativas e proibitivas, tais normas se anulariam mutuamente, e o comportamento, em vez de ordenado ou proibido, seria considerado permitido ou lícito.

A constatação da falibilidade dos critérios de solução de colisões de regras sustenta a tipologia de Bobbio referente às antinomias insolúveis ou reais, cuja solução ficaria relegada à liberdade ou discricionariedade do intérprete, e, em especial, do juiz, conforme a oportunidade se apresente no caso concreto.

Nesse contexto, descreve o jurista italiano que se abrem três possibilidades[161] para a solução da antinomia ao largo dos critérios mencionados:

1ª. O jurista ou o juiz eliminaria uma das normas conflitantes, realizando uma interpretação ab-rogante em sentido impróprio, pois, enquanto o primeiro apenas sugere ao magistrado a eliminação, este último só pode afastá-la da aplicação ao caso concreto, não tendo poderes para expeli-la do ordenamento, cuja prerrogativa se restringe ao legislador.

2ª. Em se tratando da oposição de normas não apenas sob o prisma da contradição, mas, sobretudo, da contrariedade, o jurista ou o juiz poderiam eliminar ambas as regras em conflito, promovendo uma dupla ab-rogação e considerando lícito ou permitido o comportamento.

3ª. Finalmente, a terceira possibilidade, considerada a mais razoável a atuar dentro da lógica dedutiva-axiomática, é aquela em que o jurista ou o juiz conserva ambas as

---

(159) *Op. cit.*, p. 97.

(160) *Op. cit.*, p. 98-100. Segundo o jurista italiano, o critério seria ambíguo, pois desconheceria o caráter bilateral emergente das normas jurídicas que regulam concomitantemente direitos e obrigações. Nesse sentido, a interpretação professada seria ao mesmo tempo favorável ao titular do interesse tutelado e odiosa em relação ao sujeito obrigado. Assim, não se estaria realizando uma prevalência entre as normas, mas tutelando o interesse mais justo.

(161) *Ibidem*, p. 100-102.

normas ditas conflitantes, demonstrando, a partir de uma interpretação corretiva, que as normas examinadas não são incompatíveis ou que sua incompatibilidade é apenas aparente, preservando o dogma da ordem e unidade do sistema.

Para bem explicar essa terceira alternativa, transcrevem-se, pela clareza das ideias e lucidez dos argumentos, as palavras de Bobbio:

> Mas como é possível conservar duas normas incompatíveis, se por definição duas normas incompatíveis não podem coexistir? É possível sob uma condição: demonstrar que não são incompatíveis, que a incompatibilidade é puramente aparente, que a pressuposta incompatibilidade deriva de uma interpretação ruim, unilateral, incompleta ou errada de uma das duas normas ou de ambas. Aquilo que tende o intérprete comumente não é mais à eliminação das normas incompatíveis, mas preferentemente, à eliminação da incompatibilidade.[162]

No plano constitucional, essa terceira possibilidade aludida por Bobbio autoriza a chamada interpretação conforme a Constituição, através da qual se extrai, diante das interpretações possíveis de seus preceptivos, a que reproduza sua máxima efetividade, desfazendo aparentes ou eventuais incompatibilidades existentes no interior de seu texto, a fim de lhe garantir, de forma sistemática, sua ordem, unidade e supremacia no ordenamento jurídico.

Por sua vez, ensina Peter Häberle[163] que a hipótese permissiva da solução da colisão entre normas de direitos fundamentais confiada à interpretação do juiz, do jurista ou de quem a vive na prática é, democraticamente, legitimada pelos próprios direitos fundamentais, tanto no que se referem aos resultados, quanto no que toca ao círculo de participantes, na medida em que sua realização material necessita de refinadas formas de inclusão, mediação e legitimação desses agentes públicos no processo político e na práxis cotidiana, libertando-se do sistema fechado de interpretação imposto pelo conceito democrático tradicional.

3.9. Do princípio da proporcionalidade como solução de conflitos entre princípios de direitos fundamentais

O estudo a respeito do princípio da proporcionalidade foi construído pela jurisprudência do Tribunal Constitucional alemão, especialmente a partir do pós-guerra, cujos julgados o concebiam como uma cláusula de proibição do excesso de medidas limitadoras de direitos fundamentais.

A despeito de umbilicalmente ligado à proteção dos direitos fundamentais, o princípio da proporcionalidade não foi catalogado expressamente pelo legislador constitucional de 1988. No entanto, graças à natureza peculiar de tutelar outros direitos

---

(162) *Idem*, p. 102.

(163) *Op. cit.*, p. 36-40.

fundamentais, é possível inferi-lo a partir de sua dimensão processual que, conforme Wilis Santiago Guerra Filho[164], transcende da cláusula do devido processo legal e confere-lhe um *status* constitucional implícito, ensejando mesma densidade normativa destinada aos explícitos.

Com efeito, a busca pelo equilíbrio entre o exercício do poder estatal e a preservação de direitos fundamentais fez com que a ênfase dada à cláusula do devido processo legal não se limitasse ao âmbito processual, mas se espraiasse, sobretudo, para o prisma substantivo, abrindo-se ensanchas para o Judiciário revisar o mérito dos atos do poder público, no que pertine à compatibilidade dos meios utilizados e fins perquiridos.

É nessa perspectiva que Luís Roberto Barroso estuda a convivência não excludente das versões processual e substantiva da cláusula do *due process of law* importadas do direito norte-americano, a saber, *procedural due process* e *substantive due process*, concebendo esta última como importante instrumento de defesa dos direitos e garantias individuais contra o arbítrio legislativo e a discricionariedade governamental[165].

Nesse sentido, apresenta-se o princípio da proporcionalidade como meio constitucional e legítimo de solução de conflitos entre princípios de direitos fundamentais, pois, sendo mandamentos genéricos de otimização, tais estandartes possuem uma validade *prima facie* e buscam a maior eficácia possível do valor consagrado em seu bojo com a formulação de uma regra de precedência no caso concreto que estabeleça uma concordância prática entre eles, não podendo se recorrer disjuntivamente ao plano da validade, como sói ocorre com as exclusões antinômicas verificadas nos entrechoques das regras jurídicas.

Justamente porque se prescinde da extirpação da norma colidente do ordenamento jurídico, os conflitos entre princípios são solucionados sob o âmago axiológico da ponderação de bens jurídicos, ou seja, dos juízos de valor elaborados pelo intérprete no momento da sua aplicação ao caso concreto.

Segundo Robert Alexy[166], os juízos de valor podem ser classificados em três grupos, a saber: classificatório, comparativo e métrico. No primeiro, infere-se um caráter positivo ou negativo ao objeto valorado, entronizando a ideia de bom ou ruim. No juízo comparativo, a valoração é mais acurada, verificando-se qual dos objetos é mais ou menos valoroso ou se ambos estão no mesmo nível de valor. No juízo métrico, constata-se uma magnitude dos valores, atribuindo-lhes não uma graduação abstrata, rígida, *a priori* e hermética, mercê de essa tarefa ser impossível dada a generalidade do conteúdo principiológico, mas, sim, constituindo uma ordenação concreta, estabelecendo-se relações de superioridade (preferência) ou de igualdade valorativa (indiferença) no momento da aplicação dos mandamentos conflitantes cotejados no caso particular.

---

(164) Princípio da proporcionalidade e o devido processo legal. In: SILVA, Virgílio Afonso da (Org.). *Interpretação constitucional*. São Paulo: Malheiros, 2005. p. 267.

(165) *Interpretação e aplicação da Constituição*. Fundamentos de uma dogmática constitucional transformadora. 4. ed. São Paulo: Saraiva, 2001. p. 214.

(166) *Op. cit.*, p. 148-149 e 159-160.

A ideia da ponderação de valores é algo natural à seara dos princípios, quando considerados como mandamentos de otimização destinados *prima facie* a buscarem a maior expansão e eficácia possível dos bens jurídicos consagrados, sem embargo das críticas dogmáticas que lhe são imputadas, sobretudo no que se refere ao déficit de segurança jurídica, e, pois, de simetria e de previsibilidade[167], que permeia sua aplicação, considerando que o resultado do sopesamento ficaria ao talante ou arbítrio de quem sopesa no caso concreto.

Tais críticas reduzem o sopesamento ao âmbito decisionista, eis que o interpretam como um método não racional que segue apenas a intuição do sopesador, jamais podendo, sob essa ótica, ser tido como equivocado, daí porque seria arbitrário.

No entanto, a atividade ponderativa que deve ser operada na atuação do princípio da proporcionalidade não se restringe ao processo de construção psíquica do intérprete, podendo a racionalidade da declaração de preferência ser aferida através da sua justificação ou fundamentação, que, aliás, é um pressuposto constitucional de validade de qualquer decisão judicial no Brasil.

Entendendo a interpretação como uma prudência e não como uma ciência, Eros Roberto Grau[168] adverte que a norma não é objeto de demonstração, mas de justificação, devendo ser afastada do Direito a alternativa maniqueísta e cartesiana do verdadeiro/falso (e, portanto, do certo/errado), albergando-o apenas no âmago do aceitável (justificável) que, além de comportar mais de uma solução, fia a possibilidade de sua adequação/evolução diante do dinamismo das relações sociais.

Por sua vez, Habermas concebe que, no nível do discurso racional (inclusive o jurídico), o modo performativo da linguagem caracterizado por uma suposição incondicional de verdade é posto em suspenso e transformado na peculiar ambivalência dos participantes do discurso (dialética) que assumem posições hipotéticas e falíveis em relação às alegações formuladas, as quais, por serem problemáticas, precisam ser justificadas. Nesse sentido, a função pragmática do conhecimento revela a existência de uma relação intrínseca entre verdade e justificação[169].

No contexto da racionalidade das decisões, Robert Alexy vislumbra sensível diferença entre os modelos decisionista e fundamentado de sopesamento de bens, identificando que:

> Essa diferenciação permite ligar o postulado da racionalidade do sopesamento à fundamentação do enunciado de preferência e afirmar: um sopesamento é racional quando o enunciado de preferência, ao qual ele conduz, pode ser fundamentado

---

(167) É exatamente pela mitigação do ideal da previsibilidade tão caro ao direito liberal que Eros Roberto Grau sustenta que proporcionalidade nada mais é do que um novo nome dado à equidade. *Op. cit.*, p. 193.

(168) *Op. cit.*, p. 106.

(169) *A ética da discussão e a questão da verdade*. Trad. de: Marcelo Brandão Cipolla. 2. ed. São Paulo: Martins Fontes, Coleção Tópicos, 2007. p. 62-63.

de forma racional. Com isso, o problema da racionalidade do sopesamento leva-nos à questão da possibilidade de fundamentação racional de enunciado que estabeleçam preferências condicionadas entre valores ou princípios colidentes.[170]

É bem de ver, por outro lado, que o princípio da proporcionalidade se subdivide em três subpostulados, a saber, o da adequação, o da necessidade ou exigibilidade e o da proporcionalidade em sentido estrito.

No exame da adequação, avalia-se a relação entre o meio utilizado e o propósito a ser alcançado. Como explicam Dimitri Dimoulis e Leonardo Martins, "meio adequado deve ser entendido aquele que hipoteticamente leva ao alcance do fim, havendo indícios para tanto que autorizem prognósticos e não aquele que possa garantir tal resultado"[171].

Segundo o subpostulado da necessidade ou exigibilidade, o sopesador deverá identificar os meios possíveis e comparar qual dentre eles é o realmente necessário à salvaguarda do bem jurídico que deve prevalecer na ponderação sobre o caso concreto, avaliando ainda se não há um meio alternativo menos gravoso que possa ser utilizado para se chegar à idêntica finalidade, restando proibido o excesso. Em resumo, conforme o ensinamento de Dimitri Dimoulis e Leonardo Martins, "dentre todos os meios que permitem alcançar os propósitos lícitos, somente o que gravar o direito fundamental com menor intensidade será o necessário".[172]

Na aferição da proporcionalidade em sentido estrito, estabelece-se uma correspondência de custo-benefício entre o meio limitador e o fim almejado, impondo-se a otimização da possibilidade jurídica de prevalência de um princípio sobre outro que conflitava consigo, através da chamada *lei do sopesamento*, segundo a qual o grau de não satisfação ou de limitação de um princípio está na razão direta da importância da satisfação do outro. Conforme destaca Robert Alexy, "a medida permitida de não satisfação ou de afetação de um princípio depende do grau de importância da satisfação do outro"[173].

Sintetizando esses três subpostulados, Wilis Santiago Guerra Filho vaticina que:

> Resumidamente, pode-se dizer que uma medida é adequada, se atinge o fim almejado; exigível, por causar o menor prejuízo possível; e, finalmente, proporcional em sentido estrito, se as vantagens que trará superarem as desvantagens.[174]

Portanto, a solução de conflitos de direitos fundamentais através do princípio da proporcionalidade não é feita de forma arbitrária, irracional ou niilista, pois, ainda nessa

---

(170) *Op. cit.*, p. 165.
(171) *Op. cit.*, p. 186-187.
(172) *Ibidem*, p. 194.
(173) *Op. cit.*, p. 167.
(174) *Op. cit.*, p. 262.

hipótese, o magistrado não formula juízo discricionário ou "de oportunidade"[175], mas de legalidade formado pelos princípios gerais que norteiam o sistema constitucional.

3.10. Do diálogo das fontes como critério para a solução dos conflitos entre as normas internacionais e o direito interno

A doutrina mais recente que se ocupa do estudo do direito internacional público e privado defende que as antinomias entre o direito interno e os tratados e convenções internacionais, especialmente os que versam sobre direitos humanos, não devem ser resolvidas através dos dialéticos critérios cronológico, hierárquico e da especialidade acima examinados, eis que o *telos* dessas normas transcende ao escalonamento formal do positivismo legalista que sustenta a primazia do ordenamento jurídico nacional em detrimento do internacional.

Nesse sentido, impõe-se a emersão de uma hierarquia substancial ou de conteúdo que promova a primazia da norma mais benéfica ao indivíduo em suas relações com o Estado, contemplando-se o princípio internacional *pro homine* como fio condutor de tais controvérsias.

A utilização desse paradigma como referencial interpretativo na resolução das antinomias entre normas protetivas de direitos humanos é vista como um necessário meio de forjar a eficácia concreta de tais valores, entronizando, inclusive, um maior grau de comprometimento dos Estados na ordem internacional quanto à salvaguarda dessas garantias.

Aliás, sobre a internacionalização da necessidade de se proteger os direitos humanos, Antônio Augusto Cançado Trindade pronuncia-se da seguinte forma:

> Os fundamentos últimos da proteção dos direitos humanos transcendem o direito estatal, e o consenso generalizado formado hoje em torno da necessidade da internacionalização de sua proteção corresponde a uma manifestação cultural de nossos tempos, juridicamente viabilizada pela coincidência de objetivos entre o direito internacional e o direito interno quanto à proteção da pessoa humana.[176]

Por outro lado, conforme assevera Cláudia Lima Marques[177], a distinção impositiva dos direitos humanos na complexidade das sociedades pós-modernas não admite mais a rigidez da resolução das antinomias pelos mencionados critérios dialéticos que promovem a *mono-solução* da controvérsia, instituindo o monólogo de uma só norma

---

(175) Expressão de Eros Grau. *Op. cit.*, p. 214-215.

(176) A interação entre o direito internacional e o direito interno na proteção dos direitos humanos. In: *A incorporação das normas internacionais de proteção dos direitos humanos no direito brasileiro*. Coordenado por: Antônio Augusto Cançado Trindade. San Jose da Costa Rica: IIDH, 1996. p. 211.

(177) Superação das antinomias pelo diálogo das fontes: o modelo brasileiro de coexistência entre o Código de Defesa do Consumidor e o Código Civil de 2002. In: *Revista de Direito do Consumidor*, São Paulo, Revista dos Tribunais, v. 13, n. 53, p. 58-59, jul./set. 2004.

com a revogação da outra conflitante, exigindo-se, não a exclusão, mas a convivência ou coexistência dos paradigmas e a aplicação simultânea, coerente e coordenada das plúrimas fontes legislativas convergentes, com a finalidade de ampliar e efetivar concretamente a proteção daquelas garantias.

Se o direito internacional público irradia a doutrina da igualdade como fundamento dos tratados e convenções internacionais, além de expressão da soberania dos Estados-partes, o *leit motiv* da manifestação estatal no direito internacional privado é a busca da proteção do ser humano e sua dignidade, observado seu estado de sujeição e hipossuficiência nas relações jurídicas internas com o poder estatal, ampliando-se na ordem internacional o apanágio das garantias a si constitucionalmente consagradas.

Formou-se, pois, o substrato de uma hierarquia substancial que faz com que a norma internacional dialogue com o direito interno, inclusive com a Constituição, aplicando-se ao caso concreto a norma que melhor garanta os direitos humanos no conflito subjacente com a superação da hierarquia formal das regras envolvidas, bem assim de seus critérios hierárquico, cronológico e da especialidade na análise das tensões entre as normas jurídicas envolvidas.

Segundo a doutrina em apreço, na vigência do Estado Constitucional e Humanista de Direito, as antinomias entre as normas internacionais e o direito doméstico hão de ser solucionadas pelo diálogo das fontes jurídicas conflitantes, através do qual o aplicador do direito deve escutá-las e coordená-las, a fim de fazer com que prevaleça o poder (força) de atração daquela que melhor assegure a dignidade da pessoa humana.

A primazia da norma mais favorável às pessoas protegidas esteriliza a discussão clássica entre monistas e dualistas a respeito da dicotomia das ordens jurídicas internacional e nacional, contribuindo ainda, segundo Antônio Augusto Cançado Trindade, em primeiro lugar, para reduzir ou minimizar consideravelmente as pretensas possibilidades de conflitos entre instrumentos legais em seus aspectos normativos; em segundo, para obter maior coordenação entre tais instrumentos em uma dimensão tanto vertical (tratados e instrumentos de direito interno) quanto horizontal (dois ou mais tratados); finalmente, em terceiro, para demonstrar que a tendência e o propósito da coexistência de distintos instrumentos jurídicos garantidores dos mesmos direitos são os de ampliar a eficácia da proteção do valor jurídico tutelado.

É bem de ver que esse critério de resolução de antinomias entre o direito internacional e o doméstico pelo diálogo e coordenação das fontes possui caráter racional, não ficando a reboque das críticas doutrinárias que são assacadas quando da utilização do princípio da proporcionalidade como ferramenta para dirimir tensões entre regras jurídicas, pois a solução da controvérsia advém objetivamente das próprias normas conflitantes. Nas palavras de Valério de Oliveira Mazzuoli, o que se propõe é que "o juiz escute o diálogo das fontes e resolva o caso concreto aplicando o que elas próprias decidiram"[178].

---

(178) *Tratados internacionais de direitos humanos e direito interno*. São Paulo: Saraiva, 2010. p. 151.

Com efeito, as normas internacionais de direitos humanos invariavelmente possuem vasos comunicantes ou cláusulas de diálogo com o direito interno, como é o caso do art. 29, *b*, da Convenção Americana de Direitos Humanos de 1969, o qual vaticina textualmente que nenhuma de suas disposições pode ser interpretada no sentido de "limitar o gozo e exercício de qualquer direito ou liberdade que possam ser reconhecidos em virtude de leis de qualquer dos Estados-partes ou em virtude de convenções em que seja parte um dos referidos Estados."[179]

Os diálogos possíveis entre a norma internacional e o direito interno podem ser realizados, conforme Valério de Oliveira Mazzuoli[180], de forma horizontal, estabelecendo-se uma relação de complementariedade ou de integração entre elas, ou, ainda, de maneira vertical, entronizando-se regras de inserção e de transigência entre as ordens jurídicas internacional e doméstica[181].

Segundo o autor, existe uma relação de complementariedade e não de antinomia entre o direito internacional e o interno, quando se repete em ambos os cenários a proteção do valor humanitário tutelado, inclusive com a idêntica redação das normas. Nesse caso, longe de ser uma redundância, trata-se de uma declaração formal dos Estados, tanto no âmbito interno quanto no externo, no sentido de reiterar a não tolerância da violação dos direitos humanos protegidos, o que, inclusive, sobreleva sua responsabilidade quanto à promoção dos meios necessários para dar efetividade àquela garantia.

Por sua vez, os diálogos de integração entre a norma internacional e o direito doméstico fluem para se promover a colmatação de lacunas existentes na órbita jurídica interna, inclusive na própria Constituição, no que se refere à proteção do direito humano levado a efeito no caso concreto, evitando-se vazios normativos que obstem ou impeçam sua eficácia nuclear.

No diálogo vertical de inserção da norma internacional no direito interno, opera-se a aderência dos tratados internacionais ao direito interno, os quais se inserem no ordenamento jurídico nacional como parte integrante do *bloco de constitucionalidade* do texto constitucional, embora não inseridos expressamente no catálogo, mercê de sua finalidade imanente e transcendental de proteção dos princípios republicanos

---

(179) SAN JOSE DA COSTA RICA. Convenção Americana de Direitos Humanos (1969). Disponível em: <http://www2.idh.org.br/casdh.htm> Acesso em: 11 ago. 2010.

(180) *Op. cit.*, p. 154-177.

(181) No mesmo sentido do texto quanto aos diálogos possíveis entre as normas, Cláudia Lima Marques, *op. cit.*, p. 60, fala sobre a existência de um diálogo sistemático de coerência, no qual uma norma pode servir de base conceitual da outra, além de um diálogo sistemático de complementariedade e subsidiariedade, cujo resultado definirá o uso subsidiário ou complementar de cláusulas gerais instituídas em outras normas mais favoráveis ao sujeito de direito (no caso de seu estudo, o consumidor), e, ainda, de um diálogo das influências recíprocas sistemáticas, no qual se pode estabelecer uma redefinição do campo de aplicação de uma lei, promovendo-se um diálogo de *doublé sens*, com a influência do sistema geral no especial e vice-versa.

fundamentais, especialmente a dignidade da pessoa humana, inclusive ampliando as garantias explicitamente consagradas na Lei Fundamental.

Nesse contexto, parte da doutrina[182] considera que os tratados internacionais de direitos humanos ratificados pelo Brasil possuem natureza de norma constitucional em sentido material ou formal, conforme a aderência se apresente na forma do art. 5º, § 2º, da Constituição Federal de 1988, ou através do *quorum* qualificado que lhes empreste equivalência às emendas constitucionais, a teor do que dispõe o art. 5º, § 3º, da CF/88, acrescido pela EC n. 45/2004.

Já os tratados internacionais comuns, isto é, que não versem sobre direitos fundamentais, seriam adicionados ao direito nacional com caráter supralegal, com hierarquia inferior à Constituição, mas superior às leis ordinárias, já que não poderiam ser revogados posteriormente por uma norma infraconstitucional dessa espécie[183].

Por sua vez, nos diálogos verticais de transigência entre as normas internacionais e o direito doméstico, radicar-se-ia a essência mesma da ideia da resolução dos conflitos pelo diálogo das fontes, pois, nessas hipóteses, a análise disjuntiva própria das antinomias internas cederia passo à aferição dialogal da controvérsia, permitindo a coexistência correspectiva das normas no sistema jurídico do país, bem assim a aplicação no caso concreto da regra mais benéfica ao indivíduo, independente da hierarquia formal existente entre elas.

Nesse contexto, cabe mencionar a antinomia entre as normas contidas no art. 5º, LXVII, da CF/88 e no art. 7º, item 7, da Convenção Americana de Direitos Humanos de 1969. Ambas protegem a liberdade individual, vedando como regra geral a prisão civil por dívida. No entanto, divergem quanto à previsão acerca das hipóteses exceptivas de autorização do confinamento pessoal.

Com efeito, enquanto a norma constitucional ventila a hipótese de prisão do devedor pelo inadimplemento voluntário e inescusável de obrigação alimentícia, a norma internacional autoriza o decreto prisional tão somente pelo fato do inadimplemento dessa mesma prestação alimentícia. Nesse caso, o texto constitucional deve ser preferido ao que prevê a convenção internacional, pois é mais benéfico ao indivíduo, na medida em que a validade da retenção fica condicionada à existência dos pressupostos da voluntariedade e do caráter inescusável do inadimplemento e não, simplesmente, ao fato de inadimplir, conforme está descrito no Pacto de San Jose de Costa Rica.

De reverso, tem-se entendido que, no que toca à hipótese exceptiva da prisão do depositário infiel, a norma internacional, dado seu silêncio eloquente a esse respeito do tema, relegou à invalidade a prisão civil por dívida dessa figura, devendo prevalecer a norma internacional sobre a controvérsia, uma vez que amplia a proteção à tutela da liberdade individual garantida constitucionalmente.

---

(182) Por todos MAZZUOLI, Valério de Oliveira. *Op. cit.*, p. 185.

(183) *Ibidem*, p. 186.

Sem embargo de evidente, mas não despropositar aos fins deste trabalho, insta-se advertir que somente será razoável e coerente a resolução de controvérsias a partir do diálogo das fontes, se elas estiverem interagindo sobre o mesmo objeto. Com efeito, é imprescindível a qualquer forma dialogal, por mais rudimentar que seja sua natureza, que haja, sobre o objeto que se está dialogando, um consenso lógico entre os artífices — nesse caso, as regras conflitantes a dialogarem, pois, do contrário, o entendimento formado não passará de um mal-entendido hermêneutico ou de uma violência retórica e pragmática ao processo linguístico de busca de sentido na aplicação do direito.

É o que vem ocorrendo, em nosso sentir, quanto à discussão sobre a proscrição da possibilidade de prisão do depositário infiel no Brasil, independentemente de suas modalidades. Com efeito, se, por um lado, é clara e correta a aplicação da norma internacional mais benéfica que lastreia o entendimento a respeito da abolição do permissivo legal para se determinar o confinamento dos depositários contratuais no nosso sistema jurídico, o mesmo não se pode dizer a respeito da hipótese do depositário judicial de bens penhorados no processo, cujo fundamento do decreto prisional é de direito público, nada tendo a ver com a dívida, nem com qualquer outra obrigação de direito privado, tanto que o encargo pode recair não apenas sobre o devedor, mas, também, sobre terceiros alheios ao processo e, inclusive, sobre o próprio credor.

Capítulo IV
Uma Chaga Interpretativa em Aberto: as Distorções da Uniformidade de Interpretação sobre a Impossibilidade de Prisão de Qualquer Modalidade de Depositário na Doutrina e na Jurisprudência do STF

4.1. Da evolução do posicionamento do STF quanto à incorporação da Convenção Americana de Direitos Humanos na discussão sobre a prisão civil do depositário infiel

Até a Emenda Constitucional n. 45 de 2004, a aderência dos tratados internacionais celebrados pelo Presidente da República ao ordenamento brasileiro era objeto de Decreto Legislativo a ser aprovado por maioria simples, nos termos dos arts. 49, I e 84, VIII, da CF/88, o que lhes conferia, segundo o entendimento predominante no Supremo Tribunal Federal, escala hierárquica idêntica a das leis ordinárias.

Nessa mesma perspectiva, cunhava-se a interpretação sistemática dos arts. 102, III, *b* e 105, III, *a*, da CF/88, os quais conferem ao Supremo Tribunal Federal a competência para resolver, mediante recurso extraordinário, questões a respeito de inconstitucionalidade de tratado ou lei federal, a fim de se sustentar a equiparação dessas normas jurídicas como manifestação implícita do legislador constitucional para a solução das tensões recíprocas entre tais normas através dos critérios cronológicos ou da especialidade, e ainda dos conflitos destas normas com a Constituição, os quais deveriam ser dirimidos pelo critério da superioridade.

Esse cenário dogmático e jurisprudencial dominante não se alterou de forma imediata com a ratificação pelo Brasil da Convenção Americana de Direitos Humanos de 1969, também conhecida como o Pacto de San José de Costa Rica, cuja aprovação pelo Congresso Nacional se deu através do Decreto Legislativo n. 27, de 26.5.1992, que entrou em vigor com a publicação do Decreto n. 678, de 6 de novembro de 1992[184].

Com efeito, nesse momento histórico não vicejou uma concepção dominante no âmago do STF a respeito da proscrição da prisão civil por dívida do depositário infiel, pois, a despeito da omissão dessa hipótese exceptiva na redação daquela norma internacional ratificada, remanescia a possibilidade de confinamento pessoal do devedor em consagração à supremacia e à força normativa da Constituição, notadamente do art. 5º, LXVII, da CF/88.

Nessa época, entre a omissão eloquente da aludida norma internacional, que engendrava um sentido de invalidade à decretação da prisão civil por dívida do depositário infiel, e o permissivo constitucional de se efetuar essa mesma restrição pessoal à liberdade individual do devedor, prevalecia a redação do art. 5º, inciso LXVII, conformando-se a antinomia a partir da utilização do critério antinômico da superioridade, já que os tratados eram concebidos com força de lei ordinária e, pois, inferiores hierarquicamente ao preceito constitucional, não havendo qualquer embaraço jurisprudencial à decretação da ordem de prisão.[185]

Com a entrada em vigor da Emenda Constitucional n. 45 de 2004, o entendimento sobre a incorporação de tratados internacionais de direitos humanos ao sistema jurídico brasileiro sofreu sensível alteração, mercê do acréscimo ao art. 5º da Constituição Federal de 1988 de um novo parágrafo terceiro com a seguinte redação:

> Os tratados e convenções internacionais sobre direitos humanos que forem aprovados, em cada Casa do Congresso Nacional, em dois turnos, por três quintos dos votos dos respectivos membros, serão equivalentes às emendas constitucionais.

Dessa forma, desde a Emenda Constitucional n. 45 de 2004, a incorporação de tratados de direitos humanos ao sistema brasileiro através de ato do Congresso Nacional acontece de forma dupla: ou como emenda constitucional, se aprovada na forma e *quorum* previstos para essa hipótese, ou, caso contrário, como lei ordinária[186].

A partir de então, o Supremo Tribunal Federal[187] acolheu de forma dominante a tese da supralegalidade dos tratados internacionais garantidores de direitos humanos, entendendo que os mesmos detinham materialmente força jurídica idêntica a das

---

(184) Disponível em: <http://www.planalto.gov.br/ccivil_03/decreto/D0678.htm> Acesso em: 2 set. 2010.

(185) Como exemplo, tome-se o julgado do STF no HC n. 78.375, publicado no DJ de 28. 1.1999, o qual teve como Relator o Ministro Celso de Mello.

(186) Sem embargo da dicção do art. 5º, § 3º, da CF/88, alguns doutrinadores, como, por exemplo, PIOVESAN, Flávia. *Direitos humanos e o direito constitucional internacional*. 11. ed. São Paulo: Saraiva, 2010. p. 88, fundamentados na teoria monista sobre as ordens jurídicas internacional e interna e no caráter transcendental do *telos* dos tratados internacionais de direitos humanos, entendem que essas normas aderem ao sistema jurídico nacional simplesmente com o ato de ratificação da norma pelo Presidente da República.

(187) Como exemplos, tomem-se os acórdãos do RE n. 466.343/SP, Relator Ministro César Peluso; do RE n. 349.703/RS, Relator Ministro Gilmar Mendes; e do HC n. 87.585/TO, Relator Ministro Marco Aurélio, todos julgados em 3.12.2008.

normas constitucionais, engendrando uma interpretação extensiva do disposto no art. 5º, § 2º, que assim estabelece: "Os direitos e garantias expressos nesta Constituição não excluem outros decorrentes do regime e dos princípios por ela adotados, ou dos tratados internacionais em que a República Federativa do Brasil seja parte".

Nesse contexto, o Supremo Tribunal Federal passou a resolver o conflito entre a Convenção Americana de Direitos Humanos e a dicção do art. 5º, LXVII, declarando a prevalência da impossibilidade de prisão do depositário infiel, independentemente da modalidade do depósito, sob o fundamento de que os tratados internacionais de direitos humanos tinham materialmente força de norma constitucional e, pois, eram hierarquicamente superiores às leis ordinárias, eis que abraçavam princípios transcendentes à constituição formal, alcançando a constituição material, o que fez prevalecer nas decisões plenárias o direito à liberdade individual no conflito com o direito de propriedade, consagrando-se nos julgados a chamada interpretação *pro libertate*[188].

As decisões reiteradas do Supremo Tribunal Federal sufragando a tese da supralegalidade da Convenção Americana de Direitos Humanos e da interpretação em prol da liberdade individual culminaram na adoção da Súmula Vinculante (SV) n. 25, de 16.12.2009, que diz expressamente: "É ilícita a prisão civil do depositário infiel qualquer que seja a modalidade de depósito"[189].

4.2. Da análise da referência legislativa utilizada para a edição da Súmula Vinculante n. 25 pelo STF

Acessando-se o portal de jurisprudência contido no sítio de internet do Supremo Tribunal Federal e se carregando na opção súmulas vinculantes para, em seguida, escolher a Súmula n. 25, poder-se-á inferir não só a redação desse verbete jurisprudencial vinculativo, mas, também, a data de aprovação em sessão plenária do dia 16.12.2009, a fonte da publicação (DJE. n. 238, p. 1, em 23.12.2009 e DOU de 23/12/2009), a referência legislativa da discussão e os precedentes que levaram à formulação do entendimento.

Na referência legislativa descrita no aludido sítio de internet, observa-se que foi levado em consideração pelo STF para a publicação da Súmula Vinculante n. 25 o confronto do art. 5º, LXVII, da CF/88, com o art. 7º, item 7, da Convenção Americana de Direitos Humanos (Pacto de San José da Costa Rica), considerada como direito fundamental decorrente, mercê da disciplina do art. 5º, § 2º, da CF/88. Ventila-se também a redação do art. 11, do Pacto Internacional dos Direitos Civis e Políticos de 1966, que verbaliza o seguinte: "Ninguém poderá ser preso apenas por não poder cumprir uma obrigação contratual"[190].

---

(188) Nesse sentido, é o relato de QUEIROZ, Odete Novais Carneiro, *op. cit.*, p. 130-132 e também de PIOVESAN, Flávia, *op. cit.*, p. 104-105.

(189) Disponível em: <www.stf.gov.br/portal/jurisprudencia/listarJurisprudencia.asp?s1=25.NUME.%20 E%20S.FLSV.&base=baseSumulasVinculantes> Acesso em: 2 set. 2010.

(190) Disponível em: <http://www.cidadevirtual.pt/acnur/refworld/refworld/legal/instrume/detent/civpot_p.htm> Acesso em: 2 set. 2010.

Já a partir dessa referência legislativa acima explicitada, é possível se perceber que não foi objeto de apreciação pela Suprema Corte, quando da edição da Súmula Vinculante n. 25, a questão da natureza jurídica de direito público que repousa sobre a figura do depositário judicial de bens penhorados, tendo sido considerada, indistintamente, a índole contratual para todas as espécies do gênero paradigmático "depositário fiel".

Nesse cenário, é de se apontar que não foi buscado o sentido de base e não contextual do termo depositário judicial de bens penhorados, utilizando-se apenas o sentido interacional da locução polissêmica depositário infiel, para, pragmaticamente, balizar a colisão a ser dirimida e refleti-la no contexto do confronto entre a garantia de liberdade individual e direito privado de índole obrigacional/contratual, obscurecendo-se a nítida tensão envolvendo aquele direito humano com o direito também fundamental pertinente à efetividade da tutela jurisdicional (art. 5º, LXXVIII, CF/88, acrescido pela EC n. 45/2004) e com a dignidade do exercício da função jurisdicional que espelha, a um só tempo, a soberania do Estado brasileiro e o pacto federativo.

Do ponto de vista dos depositários contratuais, a decisão da Suprema Corte brasileira não merece qualquer reproche, pois, nessa quadra, realmente o decreto prisional é uma consequência direta do inadimplemento de uma obrigação contratual, isto é, de uma dívida contraída no âmbito do direito privado, o que é vedado na ordem internacional ratificada pelo Brasil e que deve prevalecer sobre a norma constitucional em apreço, na medida em que mais benéfica e, pois, ampliadora das garantias fundamentais do indivíduo vigentes na ordem jurídica interna.

No entanto, a mutilação jurídica propalada pelo corte epistemológico engendrado pelo STF na apreciação da matéria não pode passar despercebida ao estudo sistemático dos direitos fundamentais, eis que desconsidera a natureza jurídica de direito público que se espraia da nomeação do encargo de depositário judicial de bens penhorados, além de se desarmonizar com o art. 5º, LXXVIII, da Constituição Federal de 1988, acrescentado pela EC n. 45/2004, que luziu o postulado da efetividade da tutela jurisdicional como preceito fundamental.

Por outro lado, ao instituir a impossibilidade da prisão do depositário infiel, qualquer que seja a sua modalidade, a Súmula Vinculante n. 25 do STF engessa a atuação judicial, pavimenta a desmoralização do Poder Judiciário perante a opinião pública e institucionaliza a atuação abusiva de partes e de terceiros auxiliares no processo, dando azo à ideia geral de que, no Brasil, as ordens judiciais específicas podem ser descumpridas, pois a preferência dogmática para o caso de desobediência de mandados é a cominação de multas pecuniárias e indenização de perdas e danos, as quais, em muitos casos, são infrutíferas e destituídas de qualquer caráter inibitório.

Esses embates não foram enfrentados nos precedentes judiciais catalogados no sítio de *internet* do STF como casos líderes ou percursores do entendimento dominante e vinculativo que engendrou a edição da Súmula Vinculante n. 25, do STF, como veremos no item seguinte.

4.3. Do exame dos precedentes judiciais que fundamentaram a edição da Súmula n. 25, do STF

Conforme o *iter* de pesquisa indicado na subseção anterior, o primeiro precedente arrolado na edição da Súmula Vinculante n. 25, do STF, é o Recurso Extraordinário (RE) n. 562.051, que foi publicado no DJE n. 172, em 12.9.2008.

Nesse julgado, cujo relator foi o Ministro Cezar Peluso, a suprema corte reconheceu a repercussão geral do caso que versava sobre a questão da constitucionalidade das normas infraconstitucionais que preveem a prisão do depositário infiel, em face de acórdão não unânime do Tribunal de Justiça do Mato Grosso que concebia o caráter supralegal aos tratados internacionais de direitos humanos ratificados pelo Brasil e entendia por inaplicável as normas infraconstitucionais com eles conflitantes.

Os recorrentes (Banco do Brasil S/A. e o Ministério Público do Estado do Mato Grosso) advertiam que a hipótese se tratava de depositário judicial infiel e não de interpretação extensiva da garantia contratual, como o caso da alienação fiduciária em garantia, relatando que, no caso concreto, o devedor foi nomeado depositário e, quando da entrega dos bens, disse ao oficial de justiça que os havia vendido, em completo desrespeito ao múnus público do qual estava encarregado. Os recursos também se fundamentavam na supremacia do texto constitucional sobre a norma internacional e o caráter intangível das cláusulas pétreas da Constituição Federal de 1988.

No voto monocrático do Ministro relator, autorizado a prolatá-lo em face do tema, considerando a existência de questão de ordem apreciada anteriormente pelo plenário da suprema corte, não se perfaz um exame dialético das proposições contidas nos recursos extraordinários, cingindo-se à remissão sobre o julgamento conjunto dos RE n. 466.343 (Relator Ministro Cezar Peluso), RE n. 349.703 (Relator Ministro Carlos Britto), HCs ns. 87.585 e 92.566 (Relator Ministro Marco Aurélio)[191], oportunidade em que o plenário se decidiu pela ilicitude da prisão do depositário infiel, qualquer que seja a modalidade de depósito, consoante a interpretação do art. 5º, LXVII e §§ 1º, 2º e 3º, da CF, à luz do art. 7º, § 7º, da Convenção Americana de Direitos Humanos.

Pois bem, o RE n. 466.343 e o RE n. 349.703 ventilam hipótese completamente distinta da questão controvertida no RE n. 522.051, pois se aborda a ilegalidade da prisão civil por infidelidade depositária do devedor-fiduciante em alienação fiduciária em garantia, fundamentando-se que não há mais base legal para esse confinamento pessoal desde 1992, quando houve a ratificação pelo Brasil do Pacto de Direitos Civis e Políticos (art. 11) e da Convenção Americana de Direitos Humanos — Pacto de San Jose de Costa Rica (art. 7º, item 7) e que o lugar específico dessas normas no ordenamento jurídico estaria abaixo da Constituição Federal, mas acima da legislação interna, espraiando o seu *status* supralegal. Nesse sentido, independentemente do critério cronológico

---

(191) Desses julgados, apenas o HC n. 92.566, de relatoria do Min. Marco Aurélio, não consta expressamente no sítio de internet do STF como precedentes da Súmula Vinculante n. 25.

de resolução de antinomias, seriam inaplicáveis as normas previstas no art. 1.287, do Código Civil de 1916, o Decreto-lei n. 911/69 e o art. 652, do Código Civil de 2002, por se chocarem com as aludidas normas internacionais.

É de notar que todas as normas acima mencionadas, as quais o STF entendeu derrogadas pela norma internacional, independentemente do critério cronológico, disciplinam a figura do depositário civil ou contratual, nada ventilando a respeito do depositário judicial de bens penhorados no processo.

No HC n. 87.585, a 1ª Turma do STF remeteu o caso ao julgamento plenário, pois se tratava de uma ação de depósito envolvendo a CONAB e uma pessoa física — empresa informal, que recebeu em fiel depósito quase três toneladas de arroz em casca natural, sendo que, em alguns julgados à época, esse mesmo colegiado já havia declarado a legitimidade da ordem de prisão civil.

Nesse julgamento, o Ministro Celso de Mello repetiu o voto que dera no RE n. 466.343, a partir de pedido de vista, atribuindo caráter constitucional aos tratados internacionais ratificados pelo Brasil que versem sobre direitos humanos, o qual também reproduzira ao julgar monocraticamente o HC n. 96.687, no qual concebe o depósito judicial como um depósito legal ou necessário, aos moldes do previsto no art. 647, I, do CC, cuja estrutura em nada difere dos depósitos voluntários ou puramente contratuais e que são contraídos a partir de relação simétrica de direito privado celebrada entre particulares.

Nesse ponto, cabe ressaltar o equívoco da taxionomia fundamentada no voto do Ministro Celso de Mello a respeito da natureza do depósito judicial como depósito legal ou necessário e, pois, civil. Com efeito, a própria lei processual oferece clara distinção entre essas figuras, verberando distintamente as hipóteses e a forma de se instrumentalizar a prisão, a teor do art. 666, § 3º, acrescido pela Lei n. 11.382/2006 e o art. 904, parágrafo único, do CPC, com a redação dada originalmente pela Lei n. 5.869/73.

O voto condutor do Ministro Relator Marco Aurélio explicita que o preceito contido no art. 5º, LXVII, no que toca à prisão do depositário infiel, afigura-se inaplicável, pois as balizas da referida prisão estão na legislação comum e, embora a norma inserta no art. 652, do Código Civil de 2002, seja posterior à ratificação pelo Brasil do Pacto de San José de Costa Rica e do Pacto Internacional de Direitos Civis e Políticos, a disciplina instrumental dessa prisão, prevista no Código de Processo Civil de 1973, não o é. Assim, sem cogitar sobre a natureza constitucional ou supralegal das normas legais, mas resolvendo a antinomia da norma internacional com a lei instrumental pelo critério cronológico, foi concedido o salvo-conduto, segundo a concepção de que a subscrição daquelas normas internacionais implicou a derrogação das normas estritamente legais referentes à prisão do depositário infiel, sem as quais o dispositivo constitucional não poderia ser aplicado.

O voto do Ministro Marco Aurélio comprova que o Supremo Tribunal Federal examinou a matéria apenas pelo prisma dos depositários contratuais, não procedendo a um exame mais aprofundado do tema sob a ótica do depositário judicial. Com efeito, quando se afirmou que a resolução da antinomia deveria ser resolvida pelo critério cronológico, pois o Decreto n. 678/92 que materializou a ratificação do Pacto de San José pelo Brasil, introduzindo-o, formalmente, no sistema jurídico brasileiro, seria posterior às normas contidas no CPC de 1973, tinha-se em vista o instrumental da prisão dos depositários infieis contratuais, a qual está disciplinada no art. 904, parágrafo único, do CPC, cuja redação ainda é a que originalmente foi estabelecida pela Lei n. 5.869/73, instituidora do referido código de normas. No entanto, olvidou-se que a Lei n. 11.382/2006, cronologicamente mais moderna que a norma internacional, editou o parágrafo terceiro do art. 666 prevendo, de forma específica, a prisão do depositário judicial, inclusive cristalizando a mesma regra que estava contida na Súmula n. 619 do STF.

Nesse contexto, o argumento utilizado pelo Ministro Marco Aurélio não serve para afastar a prisão civil do depositário judicial, pois a norma processual que disciplina especificamente sua coerção pessoal é posterior ao decreto que instrumentalizou a aderência do Pacto de San José de Costa Rica ao sistema jurídico brasileiro.

Cabe o registro do voto divergente do Ministro Menezes Direito que, embora defendesse a tese da supralegalidade do Pacto de San Jose de Costa Rica, concebia inaplicável a discussão posta ao depositário judicial, não acrescentando, no entanto, suas razões nesse julgamento, posto que já registrada sua posição em julgados anteriores, como no HC n. 87.585 em que fundamentou textualmente:

> Nesse caso específico, a prisão não é decretada com fundamento no descumprimento de uma obrigação civil, mas no desrespeito a um múnus público. Entre o Juiz e o depositário dos bens apreendidos judicialmente a relação que se estabelece é, com efeito, de subordinação hierárquica, já que este último está exercendo, por delegação, uma função pública.[192]

Nesse mesmo julgamento, o Ministro Cezar Peluso, seguindo a linha dos Ministros Menezes Direito e Gilmar Mendes, votou pela tese da supralegalidade da norma internacional, mas incluía o depositário judicial no contexto da proscrição da possibilidade de prisão em face da norma internacional, assim como havia feito o Ministro Celso de Mello, desconsiderando, no entanto, a distinção entre prisão civil e prisão por dívida e o fato de que o encargo de depositário judicial é não atributo exclusivo do devedor, podendo ser investido, inclusive, sobre o credor e ainda terceiro estranho ao processo. Veja-se a transcrição de parte de seu discurso no plenário:

> Com esses fundamentos também concedo o *habeas corpus*, mas fazendo uma ressalva que me parece importantíssima: o corpo humano, em qualquer dessas hipóteses, é sempre o mesmo. E o valor jurídico e tutela que merece do ordenamento são também as mesmas, quer se trate de depositário legal, depositário contratual ou depositário judicial. Ou seja, a modalidade de depósito é absolutamente irrelevante

---

[192] Disponível em: <http://redir.stf.jus.br/paginador/paginador.jsp?docTP=AC&docID=597891> Acesso em: 1º out. 2010, p. 20-21 do voto do Ministro Menezes Direito.

para efeito do reconhecimento de que, o uso da estratégia jurídica que, como técnica coercitiva de pagamento, recaía sobre o corpo humano, é uma das mais graves ofensas à dignidade humana.

De modo que não releva o título jurídico pelo qual se agride a dignidade humana, se por força de dívida de caráter contratual, se por força de dívida decorrente do múnus público de depositário, dentro do processo, ou ainda se é decorrente de outro dever oriundo da incidência de norma que regula os chamados depósitos necessários. Em quaisquer desses casos, a meu ver, a admissibilidade da prisão civil, subtendendo-se a ressalva à hipótese constitucional do inadimplente de obrigação alimentar, seria sempre retorno e retrocesso ao tempo em que o processo era *corpus villis* que, como tal, podia ser objeto de qualquer medida do Estado, ainda que aviltante, para constranger o devedor a saldar sua dívida. Isso me parece incompatível com a atual concepção, qualquer que seja ela, de dignidade da pessoa humana.

Nesse ponto, insta se fazer uma observação hermenêutico-linguística a respeito do que significa a locução prisão civil por dívida contida no preceito constitucional do art. 5º, LXVII, a qual ficou obscurecida e generalizada no pronunciamento do Ministro Cezar Peluso, senão vejamos.

Na perspectiva linguística, a coesão da proposição constitucional em epígrafe determina o sentido restrito do complemento *por dívida* ao contexto das obrigações civis em sentido estrito, pois, pelo menos na primeira hipótese exceptiva (a do responsável pelo inadimplemento voluntário e inescusável de obrigação alimentícia), o legislador constitucional deixa uma pista claríssima de que está tratando explicitamente de espécie de vínculo obrigacional simétrico concernente ao pagamento de quantia.

Com efeito, a escolha lexical realizada pelo legislador constitucional para justificar a prisão civil do alimentante é a expressão *inadimplemento* (voluntário e inescusável), a qual é largamente utilizada no sentido de não pagamento ou não quitação de uma obrigação pecuniária.

Por outro lado, o intérprete não precisa ter formação jurídica para acolher no seu senso comum que a obrigação alimentícia corresponde ao pagamento de uma quantia em dinheiro com vistas ao sustento do alimentado em suas necessidades vitais elementares.

Restando explícito que a prisão do alimentante é justificada pelo não adimplemento de uma obrigação de pagar quantia (alimentos), pode-se inferir que o legislador também acolhe, ainda que implicitamente, a prisão do depositário infiel sob o mesmo contexto sintático de vínculo obrigacional em sentido estrito. De fato, essa circunstância é denunciada pelo conectivo lógico e que unifica, harmoniza e estabiliza em um só conjunto as hipóteses exceptivas da negação qualitativa contida na prescrição constitucional, dando-lhe coesão.

Em linguística, há um princípio geral conhecido como Lei de Behaghel, através da qual se pode proclamar que itens que se agrupam mentalmente também se agrupam sintaticamente, conforme explicam Dooley e Levinsohn[193]:

---

(193) *Análise do discurso*. Conceitos básicos em linguística. Trad. de: Ruth Julieta da Silva e John White. 3. ed. Petrópolis: Vozes, 2007. p. 53.

Uma aplicação da Lei de Behaghel é que, quando duas sentenças são adjacentes, ou duas orações são adjacentes dentro de uma sentença, então, não havendo fatores contrários, as proposições que elas denotam devem ser interpretadas como estando numa relação conceitual íntima.

O conectivo lógico e promove uma coordenação semântica entre as hipóteses exceptivas abordadas, demonstrando que tais escalas estão no mesmo sentido estrito de vínculo obrigacional atinente ao direito privado, estabelecendo-se, na expressão de Koch[194], uma relação de interdependência semântica e pragmática entre os enunciados em si e o todo da proposição.

Nesse viés, ao contrário do fundamentado no voto do Ministro Cezar Peluso em análise, é fundamental se distinguir a prisão civil como gênero, do qual é espécie a prisão civil por dívida, parecendo-nos claro que o preceito constitucional indigitado não sonega ao Estado/juiz a possibilidade de retenção pessoal nas outras hipóteses de *contempt of court* às determinações judiciais.

No contexto da distinção entre a prisão civil enquanto gênero e a prisão civil por dívida como espécie vedada constitucionalmente ao Estado/juiz, Luiz Guilherme Marinoni[195] assim se pronuncia:

> Aliás, se o objetivo da norma fosse o de proibir toda e qualquer prisão, com exceção dos casos do devedor de alimentos e do depositário infiel, não haveria como explicar a razão pela qual deu conteúdo à prisão civil, dizendo que "não haverá prisão por dívida". É pouco mais do que evidente que a norma desejou proibir uma determinada espécie de prisão civil e não toda e qualquer prisão civil. O que importa saber, assim, é a espécie de prisão civil que foi vedada. Se não há como fugir da ideia de que foi proibida somente uma espécie de prisão civil, e não toda e qualquer prisão civil, a prisão proibida somente pode ser a prisão por "débito". O entendimento de que toda e qualquer prisão está proibida, implica retirar qualquer significado da expressão "dívida". Afirmar que existem outras modalidades de dívida, que não apenas a pecuniária, e concluir que estas vedam a prisão, é dizer nada sobre a espécie de prisão proibida, mas simplesmente insistir na ideia de que a norma constitucional veda o uso da prisão civil como meio de coerção, e deste modo retirar qualquer significado da expressão "dívida".

Pois bem, em continuidade à análise dos precedentes judiciais que cercaram o entendimento do STF na edição da Súmula Vinculante n. 25, aborda-se o HC n. 92.566, o qual, embora não haja sido expressamente arrolado, foi mencionado de forma textual no RE n. 562.051, sendo muito importante seu exame, não só com vistas a marcar o horizonte discursivo travado para elaboração daquele verbete vinculativo, mas, sobretudo, porque foi nesse julgamento que se revogou expressamente a Súmula n. 619, do STF.

---

(194) *Argumentação e linguagem*. 3. ed. São Paulo: Cortez, 1993. p. 115.
(195) *Tutela inibitória:* individual e coletiva. 4. ed. São Paulo: Revista dos Tribunais, 2006. p. 234-235.

Com efeito, no HC n. 92.566, em que foi relator o Ministro Marco Aurélio, discutia-se a prisão do depositário judicial que assumiu o encargo de algumas toneladas de cana-de-açúcar em execução que se processava em decorrência de dívida garantida por cédula pignoratícia de crédito, entendendo a suprema corte que a retenção civil somente remanescia quanto à hipótese do devedor de alimentos.

No voto vencedor, o Ministro relator Marco Aurélio relembra a subscrição do Brasil ao Pacto de San Jose de Costa Rica, que transformara o quanto convencionado em direito fundamental decorrente da disciplina contida no art. 5º, § 2º, da CF/88.

É importante se destacar que na votação do HC n. 92.566, a tese da supralegalidade da Convenção Americana de Direitos Humanos formou maioria de cinco votos no plenário (Ministros: Gilmar Mendes, Cármem Lúcia, Ricardo Lewandowski, Menezes Direito e Carlos Britto) contra quatro votos da corrente que lhe atribuía natureza constitucional (Ministros: Celso de Mello, Ellen Gracie, Cezar Peluso e Eros Grau). Vale ainda frisar que o Ministro Marco Aurélio entendia ser desnecessário se perfilhar sobre quaisquer dessas correntes para dirimir a matéria, enquanto o Ministro Joaquim Barbosa não efetuou nenhum pronunciamento específico sobre essa matéria.

Como já aludido, um aspecto muito importante desse julgamento foi que, observando-se o entendimento formado pela maioria do plenário quanto à supralegalidade do Pacto de San José de Costa Rica, como forma de superar a antinomia dessa norma internacional com o art. 652, do Código Civil de 2002 (lei ordinária posterior), resolveram, os Ministros do Supremo Tribunal Federal, revogar expressamente a Súmula n. 619 da Suprema Corte que permitia a decretação da prisão civil do depositário judicial nos mesmos autos em que se constituiu o encargo, independentemente de ação de depósito.

Nas palavras do Ministro Menezes Direito, autor da proposta de revogação, "se não tem mais prisão, não precisa da súmula"[196], com o que concordaram seus pares, fulminando-se sumariamente aquele verbete sumular, que há muito tempo havia sido cristalizado na jurisprudência da suprema corte.

O estrago causado pelo entendimento do plenário da Suprema Corte no sentido de fulminar a Súmula n. 619 é representado pela inclusão irrefletida do depositário judicial no contexto da discussão sobre a ilegalidade da prisão civil do depositário contratual, e só não é maior porque idêntica redação já havia sido encampada pela Lei n. 11.382/2006, que acrescentou o § 3º ao art. 666 do CPC, de modo que, se futuramente o STF revisar sua posição quanto ao depositário judicial, sequer será necessária a repristinação daquele verbete sumular.

No precedente julgado no HC n. 95.967, de relatoria da Ministra Ellen Gracie, retrata-se a hipótese de prisão de depositário judicial decretada pelo juízo da execução

---

(196) A íntegra dos votos dos Ministros e toda a discussão ocorrida no plenário do STF estão disponíveis em: <http://redir.stf.jus.br/paginador/paginador.jsp?docTP=AC&docID=595384> Acesso em: 1º out. 2010.

fiscal da comarca de Campo Grande, Mato Grosso do Sul, a qual foi mantida pelo Tribunal de Justiça daquele Estado, ao argumento da inexistência de excludente de responsabilidade do paciente, bem assim pela 2ª Turma do Superior Tribunal de Justiça, que se manifestou no sentido da validade da citação editalícia do depositário e da inaplicação da Convenção Americana de Direitos Humanos quanto à prisão em comento, mesmo após a EC n. 45/2004, que criou o § 3º do art. 5º, da CF/88, considerando que sua aprovação não se dera com o *quorum* qualificado exigido para as emendas constitucionais.

A Ministra Ellen Gracie sustentou que a matéria havia sido revista na 2ª Turma do STF, ocasião em que se filiou à orientação acerca da inexistência de sustentação jurídica para a prisão civil do depositário infiel, a qual já contava, naquele momento, com oito votos no mesmo sentido. Foi feita também remissão ao HC n. 90.171-7 (Relator Ministro Gilmar Mendes), no qual se destacou o caráter especial do Pacto Internacional dos Direitos Civis e Políticos (art. 11) e do Pacto de San Jose de Costa Rica (art. 7º, 7) ratificados pelo Brasil sem reserva no ano de 1992, ficando esclarecido o *status* normativo supralegal dos tratados internacionais de direitos humanos subscritos pelo país, bem assim sua hierarquia abaixo da Constituição, porém acima da legislação interna, o que, segundo essa lógica, torna inaplicáveis as normas infraconstitucionais com eles conflitantes, sejam anteriores ou posteriores ao ato de ratificação.

Sob esse cenário, a Ministra Ellen Gracie concedeu a liminar, sustentando, textualmente, que a única hipótese de prisão civil no direito brasileiro é a do devedor de alimentos, pois o art. 5º, § 2º, expressamente reconhece e não exclui outros direitos e garantias decorrentes do regime de princípios e dos tratados internacionais de que o Brasil seja parte e o Pacto de San José de Costa Rica só prevê expressamente aquela hipótese de confinamento civil, não admitindo mais a retenção do depositário infiel.

No HC n. 91.950, de relatoria do Ministro Eros Grau, a ementa do julgamento faz expressa remissão ao julgamento do RE n. 466.343 (já analisado), o qual, repisamos, refere-se à prisão por infidelidade depositária em sede de inadimplemento do contrato de alienação fiduciária em garantia, deixando-se claro, também, que a justificativa (pragmática) da concessão da ordem foi a formação na corte de maioria de oito votos, no sentido da inconstitucionalidade da prisão civil do depositário infiel, salvo a do sonegador de alimentos.

A exemplo do ocorrido no HC n. 91.950, também no HC n. 93.435, que teve por relator o Ministro Cezar Peluso e que retratou a hipótese de prisão de depositário judicial em execução fiscal, faz-se remissão expressa ao julgamento líder lavrado no RE n. 466.343 e, de forma pragmática, registra-se, como fundamento da decisão, a formação àquela altura de maioria de nove votos pela inconstitucionalidade das normas infraconstitucionais que autorizam a prisão civil do depositário infiel.

No HC n. 96.687, cujo relator foi o Ministro Celso de Mello, evidencia-se, mais uma vez, a menção expressa aos três casos líderes sobre a matéria, a saber, o HC n. 87.585, o RE n. 349.703 e o RE n. 466.343, além da existência de maioria formada no

STF a respeito da inconstitucionalidade da prisão civil do depositário infiel, seja na hipótese do depósito voluntário, seja na do necessário.

A decisão monocrática sobre o HC n. 96.687, cuja *vexata quaestio* aludia à prisão civil de depositário judicial, invocou textualmente os casos líderes já aludidos como sendo hipóteses que se ajustavam ao que estava sendo decidido, sem embargo de que, pelo menos no RE n. 349.703 e no RE n. 466.343, a questão controvertida se calcava na prisão civil do devedor-fiduciante do contrato de alienação fiduciária em garantia, permitindo-se antever que a lógica subsuntiva do julgamento não saiu do âmago do ramo do direito privado ou, mais precisamente, da ótica contratual espraiada sobre a figura paradigmática do depositário infiel, a qual apenas a recobre parcialmente.

Nesse precedente, o depósito judicial foi concebido como um depósito necessário, aos moldes do previsto no art. 647, I, do CC, cuja estrutura, repita-se, em nada difere dos depósitos voluntários ou puramente contratuais, os quais são contraídos a partir de relação simétrica de direito privado celebrada entre particulares, escapando mais uma vez ao alcance da observação jurisprudencial realizada qualquer discussão a respeito do caráter público da relação jurídica deflagrada entre o depositário judicial e o juiz da execução, bem assim sobre o exercício de um múnus público desde a aceitação do encargo no processo, que pode recair sobre uma profusão de personalidades, inclusive o credor e terceiros. Finalmente, ficou irrefletida a questão sobre a conduta processual do depositário judicial em *contempt* a um provimento mandamental específico.

Ainda na fundamentação dessa decisão monocrática, consta a invocação da Convenção Americana de Direitos Humanos (art. 7º, n. 7) e do Pacto Internacional sobre Direitos Civis e Políticos (art. 11), trazendo-se à baila o entendimento do Ministro Celso de Mello quanto à hierarquia constitucional dos tratados internacionais em matéria de direitos humanos e o critério hermenêutico de atribuir primazia à aplicação da norma mais favorável à pessoa humana, o qual, sem embargo de apresentar evolução na mentalidade da jurisprudência constitucional, torna-se, nesse caso concreto, um eco retórico da decisão, na medida em que pressupõe um consenso dogmático sobre a natureza jurídica da figura paradigmática do depositário infiel que, na verdade, não existe, ou, pelo menos, só existe em afronta aos cânones da aderência de sentido ou princípio da totalidade e da autonomia hermenêutica do objeto.

No HC n. 96.582, de relatoria do Ministro Marco Aurélio, declara-se na ementa que a subscrição pelo Brasil do Pacto de São José da Costa Rica implicou a derrogação das normas estritamente legais referentes à prisão do depositário infiel, limitando a prisão civil por dívida ao descumprimento inescusável de prestação alimentícia.

O salvo-conduto foi concedido ao depositário judicial de bens penhorados na forma do voto do relator, o qual consagra o entendimento de que, desde a subscrição do Pacto de São José de Costa Rica pelo Brasil, inexistem balizas visando à eficácia do previsto no inciso LXVII do art. 5º da Constituição Federal que, a toda evidência não se mostraria autoaplicável, diante do silêncio quanto ao período de custódia. Em síntese, segundo seu sentir, a introdução do referido pacto no cenário jurídico nacional impôs a derrogação das normas instrumentais definidoras da prisão do depositário infiel.

Portanto, verifica-se que a posição do Ministro Marco Aurélio não dizia respeito à proscrição da prisão do depositário infiel em si, mas versava apenas sobre a inexistência de autoaplicabilidade do preceito constitucional que lhe dava sustentação jurídica, mercê da derrogação da norma instrumental que balizava a sua duração pela norma internacional convencionada.

É bem de ver, no entanto, que a tese do Ministro Marco Aurélio quanto à ausência de autoaplicabilidade do art. 5º, LXVII, da Constituição Federal de 1988, esbarra frontalmente no que disciplina o parágrafo primeiro desse preceito constitucional: "As normas definidoras de direitos e garantias fundamentais têm aplicação imediata".

Se, por um lado, não se pode interpretar literalmente o art. 5º, § 1º, da Constituição Federal, haja vista a baixa normatividade de diversos direitos fundamentais catalogados, na medida em que alguns carecem de disciplinamento legislativo para promoção de sua maior eficácia e outros de potencial orçamentário do poder público para sua implantação, também não pode, o Poder Judiciário, enquanto destinatário natural dessa cláusula característica e demarcatória da fundamentalidade das garantias consagradas, afastar sua eficácia de antemão, pois, primeiro, sua realização não agrega despesa ao Estado, não esbarrando sua realização na cláusula da reserva do possível, e, em segundo, como diz Marcelo Lima Guerra[197], "a omissão legislativa jamais pode ser obstáculo ao cumprimento de uma norma constitucional", na medida em que o Estado/juiz tem o poder-dever de colmatar as eventuais lacunas legislativas existentes e impeditivas de sua autoaplicação, seja pelas vias do mandado de injunção ou do controle abstrato de inconstitucionalidade por omissão, seja pelo manancial contido no art. 4º, da Lei de Introdução ao Código Civil, que o autoriza a decidir o caso de acordo com a analogia, os costumes e os princípios gerais de direito. Nesse sentido, o próprio procedimento seguido para a prisão do devedor de alimentos poderia ser utilizado como referencial analógico para a execução da decisão judicial.

De qualquer forma, conforme já ficou demonstrado, a posição do Ministro Marco Aurélio está focada no instrumental da prisão civil contido no art. 904, parágrafo único, do CPC, a qual disciplina apenas o confinamento do depositário civil ou contratual. No contexto da fundamentação de seu voto, o Senhor Ministro não aborda o disposto no art. 666, § 3º, do CPC, acrescido pela Lei n. 11.382/2006, a qual, por evidente, é posterior ao Decreto n. 678/92 ratificador do Pacto de San José, não havendo que se falar na lacuna procedimental aludida no seu voto.

Insta salientar-se, por outro lado, que, sob o prisma eminentemente constitucional, a análise crítica da estrutura textual do art. 5º, LXVII, o qual está situado

---

(197) *Contempt of court*: efetividade da jurisdição federal e meios de coerção no código de processo civil e prisão por dívida — tradição no sistema anglo-saxão e aplicabilidade no direito brasileiro, p. 325. Disponível em: <http://cfj.jus.br/revista/seriecadernos/vol23/artigo15.pdf> Acesso em: 30 ago. 2010.

no capítulo dos direitos e deveres individuais e coletivos, revela que o legislador constitucional se utilizou do mecanismo linguístico da ancoragem[198] para mitigar a garantia da liberdade individual, autorizando a prisão nas duas hipóteses exceptivas, vale repetir, a do sonegador inescusável de alimentos e a do depositário fiel, alçando tais exceções ao patamar de garantias fundamentais coletivas, haja vista tenderem a concretizar a efetividade da tutela jurisdicional (também um direito fundamental) e servirem de contraponto ou limitação ao direito individual, evitando o abuso. Dessa forma, não é razoável lhe negar eficácia, a pretexto de existir lacuna procedimental, diante da introdução da norma internacional que se entrechoca com a lei processual civil incidente sobre a matéria.

No HC n. 90.172, que teve por relator o Ministro Gilmar Mendes e que versava sobre constrangimento ilegal do paciente pela iminência de prisão de depositário judicial de mais de 87 toneladas de aço galvanizado em ação de execução que corria contra si na 3ª Vara Cível de Santa Bárbara D'Oeste/SP, a ementa do julgado se reporta ao RE n. 466.343, à época ainda em discussão, mas que contava com sete votos a favor da tese de ilegitimidade da prisão civil por dívida do devedor-fiduciante, salvo a do devedor de alimentos, inclusive com a superação da Súmula n. 619, do STF.

No voto condutor da decisão, o Ministro Gilmar Mendes cita diretamente o Informativo n. 450, do STF, que se reportara ao fato de o julgamento do RE n. 466.343 já haver sido iniciado no plenário, estando naquele momento suspenso por pedido de vista do Ministro Celso de Mello, após o voto do Ministro relator Cezar Peluso que declarava manifestamente inconstitucional o art. 4º, do Decreto-lei n. 911/69 e equiparava ao depositário infiel o devedor-fiduciante em alienação fiduciária em garantia, à medida que não havia afinidade ou conexão teórica desse modelo jurídico com o contrato de depósito, não sendo cabível a interpretação extensiva do art. 153, § 17, da EC n. 1/69 promovida por aquela legislação ordinária.

No voto condutor do RE n. 466.343, o Ministro Cezar Peluso sustentou que não é preciso se chegar à discussão sobre o Pacto de San Jose de Costa Rica para se definir pela ilegitimidade da prisão civil do devedor-fiduciante, eis que flagrante a aberração jurídica da sua equiparação à figura do depositário fiel pela legislação infraconstitucional:

> À lei só é dado equiparar pessoas ao depositário para o fim de lhes autorizar a prisão civil como meio de compeli-las ao adimplemento de obrigação, quando não se deforme nem deturpe, na situação equiparada, o arquétipo do depósito convencional, em que o sujeito contrai obrigação de custodiar e devolver. Fora daí é arbitrária a lei.

---

(198) Conforme a linguista FIGUEIREDO, Débora de Carvalho. *Violência sexual e controle legal*: uma análise crítica de três extratos de sentenças em casos de violência contra a mulher. Linguagem em (dis)curso – LemD, Tubarão, v. 4, n. esp., 2004. p. 76, as técnicas de ancoragem (*grounding*) difundidas no estudo de Cheng e utilizadas em uma estrutura textual permitem a inferência da relevância das orações contidas nos diferentes planos textuais, podendo ter a função de destaque ou aproximação com a ideia precedente (*foregrounding*) ou de distanciamento (*backgrounding*) da frase anterior.

> Estatuir que o contraente de negócio jurídico, que não mantém com o depósito convencional nenhuma identidade ou afinidade jurídica, fica exposto à prisão civil, em condição análoga à do depositário, é operação técnico-normativa de inaceitável alargamento conceitual, destinado tão só a produzir fortíssima garantia indireta ao cumprimento da obrigação de dar dinheiro, de todo estranha ao estatuto do depositário.
>
> (sic) Por outro lado, como se consignou, o expediente de dilação do conceito técnico introduz o germe de destruição da própria garantia constitucional. *Se falham os requisitos racionais de equiparação, por distinção do suporte fáctico, nada impede que passe a lei ou o intérprete a outras assimilações arbitrárias, a ponto de fazer da garantia coisa nenhuma.*[(199)] (os grifos são nossos)

Ora, se a equiparação ao paradigma do depositário infiel não pode ser realizada em deturpação da situação equiparada, conforme o argumento do Ministro Cezar Peluso, o que, na sua coerente visão, impediria a prisão civil do devedor-fiduciante, o mesmo raciocínio deve valer, *mutatis mutandis*, quando se quer objetar a prisão do depositário judicial de bens penhorados, pois não inexiste, nessa hipótese, qualquer correlação da ordem de prisão com a dívida exequenda, na medida em que a relação jurídica deflagrada no processo é de direito público, vinculando diretamente apenas o depositário e o juiz da execução, tanto que o próprio credor e até terceiro estranho à demanda podem assumir esse encargo processual.

Foi turvada na discussão que permeou à edição da Súmula Vinculante n. 25 do STF, a concepção cristalizada há muitos anos na Suprema Corte através da Súmula n. 619, no sentido de que a prisão do depositário judicial era uma modalidade de prisão civil, eis que decretada no âmbito dessa espécie de jurisdição, mas que não se tratava de uma prisão por dívida, daí porque poderia ser decretada nos mesmos autos da execução.

Com efeito, se não se arma qualquer relação jurídica entre o devedor e o depositário judicial de bens penhorados no processo, nem entre este e o credor da execução, faleceria, respectivamente, legitimidade ativa *ad causam* e interesse de agir àqueles para a propositura de ação de depósito em face do *custode*. O entendimento contrário poderia disseminar a existência de curiosas situações: imagine-se, por exemplo, se as figuras do devedor (proprietário do bem penhorado) e do depositário fiel coincidissem. Quem ajuizaria a ação de depósito?

Finalmente, passemos à análise do HC n. 95.170, último dos precedentes indicados na edição da Súmula Vinculante n. 25 do STF.

O HC n. 95.170 tinha caráter preventivo e desafiava decisão do Superior Tribunal de Justiça no HC n. 109.492, que negara o salvo-conduto, entre outras razões, por declarar a legitimidade da prisão do depositário judicial infiel que não promoveu a entrega de vinte mil metros cúbicos de madeira ipê, advertindo que a hipótese em concreto não

---

(199) Disponível em: <http://redir.stf.jus.br/paginador/paginador.jsp?docTP=AC&docID=595444> Acesso em: 30 set. 2010. p. 20-25 do voto do Ministro Cezar Peluso.

se assemelhava à do RE n. 466.343, bem como asseverando a inaplicabilidade do Pacto de San Jose de Costa Rica no entrechoque com a norma constitucional que autorizava aquela retenção pessoal.

No voto condutor do HC n. 95.170, o Ministro Carlos Britto, sem embargo da advertência contida no acórdão do STJ, relata a posição majoritária do plenário da Suprema Corte quanto à impossibilidade da prisão civil do depositário infiel, acrescentando que, àquela altura, já havia nada mais nada menos do que oito votos de Ministros do STF proferidos no RE n. 466.343 favoráveis à linha da ilegitimidade da ordem prisional aludida.

Na ementa do HC n. 95.170, consta ainda o substrato do entendimento do Ministro Carlos Britto, no sentido de que a norma do art. 5º, LXVII, da Constituição Federal tem eficácia restringível e que a introdução do Pacto de San Jose de Costa Rica tem fundamento de validade no § 2º do art. 5º, sobressaindo seu caráter de norma supralegal a afastar a regra ordinária brasileira que possibilite (instrumentalize) a prisão civil por dívida.

Como se pode verificar, nas discussões ocorridas no plenário do STF, não se vislumbra qualquer abordagem mais ampla sobre a natureza jurídica das espécies de depositário fiel, inclusive, em alguns votos, foi declarado textualmente que tal exame não tinha qualquer importância, daí porque o foco se centrou na forma da aderência da norma internacional ao direito interno, sua hierarquia no sistema jurídico brasileiro, a ampliação da proteção da liberdade individual no conflito entre o direito privado obrigacional e o de propriedade, turvando-se o olhar para as repercussões desse entendimento sobre a dignidade do exercício da função jurisdicional e o direito fundamental referente à prestação de uma tutela jurídica célere, tempestiva e eficaz.

4.4. Das distorções da uniformidade interpretativa sob a perspectiva linguística

Sem embargo do caráter vinculativo da Súmula Vinculante n. 25 do STF e do entendimento dogmático que graceja de forma dominante na ribalta jurídica brasileira, entendemos que a questão não está totalmente fechada ou, melhor dizendo, bem resolvida do ponto de vista linguístico, considerando que se promove um tratamento jurisprudencial e doutrinário isonômico da matéria, desconsiderando-se a diferença da natureza jurídica das espécies reunidas sob o mando da expressão polissêmica "depositário fiel".

Com efeito, a jurisprudência do STF e a doutrina pátria que se debruçam sobre a matéria estabelecem a conexão de sentido sobre a temática, apenas sob o âmago da relação paradigmática do signo "depositário infiel", desconsiderando os elos sintagmáticos existentes na cadeia linear da linguagem exposta na Convenção Americana de Direito Humanos e no próprio preceito fundamental, o que termina por distorcê-los.

Com efeito, o jurista argentino Luís Alberto Warat[200], a partir das lições do professor genebrino Ferdinand Saussure, ensina que os signos linguísticos se articulam sistematicamente através de duas dimensões relacionais distintas que devem se interpenetrar na construção do sentido do texto ou do discurso, pois as palavras se revestem não apenas de uma significação espraiada da superfície textual, mas, também, de um valor determinado pelos termos que delas se aproximam ou lhes circundam.

Nas relações sintagmáticas entre os signos linguísticos que compõem um enunciado, o sentido vai defluir do caráter linear da linguagem constituída, isto é, o valor de um termo surge a partir do seu relacionamento, oposição ou combinação com o precedente ou com o subsequente ou com ambos.[201]

Já nas relações paradigmáticas ou associativas, as conexões de sentido não são feitas pela extensão linear dos signos contidos no enunciado, mas obtidas, tão somente, pela presença *in absentia* da palavra-paradigma no discurso que associam o sentido espontaneamente na memória do intérprete, como ocorre na discussão em prelo sobre a prisão do depositário infiel.

A semiótica explica também, segundo Warat[202], que a relação lógica entre os signos linguísticos de um enunciado deve ser buscada concomitantemente nos âmbitos da sintaxe, semântica e pragmática.

A sintaxe, por exemplo, é responsável pela construção do sentido do enunciado através de regras de formação e de derivação dos signos. Nas primeiras, o sentido é obtido pela forma de combinação dos termos mais elementares visando a formação de outros mais complexos. As regras de derivação, por sua vez, permitem a entabulação de novas expressões a partir de outras originalmente conhecidas.

Na órbita semântica, o sentido do enunciado está condicionado à inferência sobre a verdade ou falsidade da relação do signo com o objeto, ou seja, é a partir do questionamento sobre a informação passada e a situação fática (jurídica) significada que se verificará a coerência semântica do texto.

No âmbito pragmático, é aferida uma significação histórica à expressão que se descola do seu sentido de base e não contextual, através do uso interacional realizado pelos indivíduos ou dos fins sociais do signo, o que permite agregar, indisfarçavelmente, fatores ideológicos à estrutura conceitual.

Se a implicatura de sentido imprescinde de ambas as dimensões relacionais das palavras, bem assim da vinculação dos signos aos âmagos sintático, semântico e pragmático,

---

(200) *Op. cit.*, p. 30-32.

(201) Explica ainda o professor Warat que, se a inferência é obtida já a partir da construção linear dos termos contidos no enunciado, tem-se uma relação sintagmática de primeiro grau. Se, no entanto, para implicação de sentido for necessário buscar a relação com outros sintagmas que compõem sistematicamente a totalidade significativa do texto, tem-se uma relação sintagmática de segundo grau. *Ibidem*, p. 32.

(202) *Ibidem*, p. 40-48.

então, não se pode atribuir como razoável a posição dogmática que sustenta que, com a Convenção Americana de Direitos Humanos e, atualmente, com a edição da Súmula Vinculante n. 25 do STF, são despiciendas as investigações sobre a natureza jurídica do depósito e, pois, sobre o fato de a prisão civil do depositário infiel estar verdadeira e efetivamente atrelada à dívida[203].

Com efeito, a discussão do tema está sendo obscurecida e negligenciada a esse respeito, pois tem passado ao largo dessa problemática o fato de que naquele gênero está catalogada pelo menos uma espécie jurídica que não possui índole contratual, vale dizer, a do depositário judicial de bens penhorados, cuja decretação prisional nada tem a ver com a dívida e que, sob esse viés, não estaria inserida na proibição internacional da prisão civil por dívida.

4.5. Das distorções da uniformidade interpretativa segundo a perspectiva hermenêutica

O Direito, enquanto ciência do espírito, não deve ser, propriamente, explicado, mas compreendido, revelando-se fundamental na execução dessa tarefa hermenêutica não apenas a utilização de método puramente cognitivo (hermenêutica técnica), senão também a introdução da consciência histórica na perspectiva do processo interpretativo, através da hermenêutica filosófica e da filosofia hermenêutica.

A introdução da filosofia nesse processo interpretativo significa, sobretudo, a entronização do elemento humano indispensável ao reconhecimento e à reconstrução de sentido de um texto ou de um discurso que, sob esse prisma, deixa de ser apenas objeto da interpretação, mas passa, igualmente, a ser sujeito da interpretação, depondo-se contra o absolutismo do sentido do autor e espraiando a importância da implicação da linguagem, a qual possui significado próprio e, às vezes, descolado do sentido querido pela mente objetiva do criador do texto.

Sob esse aspecto, Josef Bleicher[204] concebe o fenômeno da compreensão como um processo triplo em que se processa um diálogo entre a mente objetiva (autor do texto) e a mente ativa e pensante (intérprete) através das formas significativas contidas na estrutura da linguagem, a fim de se promover o equilíbrio dialético entre a alteridade de sentido intentada pelo autor e a espontaneidade da compreensão vicejada pelo intérprete durante o processo de reconstituição do sentido.

Essas noções permitem fincar o ponto de partida de uma teoria geral de interpretação fundada em cânones hermenêuticos, que, conforme Bleicher, é extraída especificamente da hermenêutica germânica inspirada na doutrina de Schleiermacher.

---

(203) Nesse contexto, contrapomo-nos à posição de Odete Novais Carneiro Queiroz, *op. cit.*, p. 128, por exemplo, que diz que: "não há maior importância em discutir esse assunto, uma vez que não há como fugir da natureza contratual da obrigação a que se prende um devedor, em decorrência do contrato de depósito, ou até de outro contrato, se considerarmos os casos equiparados ao depósito tradicional".

(204) *Hermenêutica contemporânea*. Lisboa: Edições 70, 2002. p. 84-85.

Dentre os cânones hermenêuticos estudados pela escola germânica, avultam o da autonomia hermenêutica do objeto, o da aderência de sentido (princípio da totalidade), o da atualidade da compreensão e o da correspondência hermenêutica do sentido.

Segundo o cânon da autonomia hermenêutica do objeto, o significado não pode ser introduzido arbitrariamente ou de modo não convencional ou sub-receptício nas formas significativas, mas deve delas defluir.

Pelo cânon da aderência de sentido ou princípio da totalidade, infere-se a necessidade da existência de coerência entre os elementos individuais do discurso ou do texto e o seu todo, posto que o significado é fruto da interação do todo com as partes e vice-versa.

Considerando a diferença do momento histórico em que se cria o texto e se processa a interpretação, impõe-se a observância do cânon da atualidade da compreensão ou cânon da compreensão efetiva, segundo o qual é preciso adequar e integrar o texto ao horizonte intelectual do intérprete que se apropria das novas experiências vivenciadas, reconstruindo o significado do pensamento emanado.

Sobre esse cânon, Josef Bleicher[205] esclarece que:

> Ele estabeleceu que a tarefa do intérprete é retomar o processo criativo, reconstruí-lo dentro de si mesmo e traduzir, de novo, o pensamento alheio de um Outro, uma parte do passado, um acontecimento relembrado, para a realidade da nossa própria vida, isto é, adaptá-lo e integrá-lo no nosso horizonte intelectual, dentro de uma espécie de transformação com base no mesmo tipo de síntese que permitiu o reconhecimento e a reconstrução desse pensamento.

É preciso, portanto, atualizar a compreensão efetiva sobre a proibição da prisão civil por dívida, a fim de se observar que tal vedação ocorreu como tutela jurídica do patrimônio no campo das relações privadas do direito civil obrigacional. A expressão "dívida" é bastante significativa na locução constitucional, não podendo ser suprimida ou obscurecida para dar azo à sonegação de toda e qualquer retenção civil pelo Estado/juiz, especialmente nos casos em que não está em jogo propriamente disposição de patrimônio, senão a supremacia da Constituição, a dignidade da função judicante e a efetividade da tutela jurisdicional.

Nessa perspectiva de compreensão efetiva do preceito constitucional, a partir da adequação do momento histórico de sua produção, Marcelo Lima Guerra se posiciona:

> O que aconteceu com a abolição da prisão civil, no século passado, foi em relação à prisão por dívida, *stricto sensu*, como forma de coagir alguém a pagar uma determinada quantia. Pode-se dizer que o que foi banido pelas diversas legislações mundiais e pelas nossas repetidas constituições foi o uso da prisão civil como forma de tutelar o patrimônio.[206]

---

(205) *Ibidem*, p. 91.

(206) *Op. cit.*, p. 330.

Finalmente, um outro cânon, que se liga ao sujeito da interpretação e que deve estar presente em todo processo interpretativo, é o da correspondência de sentido ou da adequação de sentido no processo de compreensão ou ainda, simplesmente, da harmonização, em que se busca promover a harmonia entre estímulo espontâneo que o intérprete recebe do texto e a realidade vivida[207].

Por outro lado, para a obtenção de sentido, revela-se curial a autorreflexão do intérprete a respeito da garantia do art. 5º, LXVII, da Constituição Federal em cotejo teleológico com os demais princípios que integram o texto constitucional, especialmente a garantia da efetividade processual, e, com os quais, deve conviver de forma harmoniosa.

Pelo cânon da harmonização, o intérprete jurídico associa o estímulo espontâneo que recebe do texto com a experiência sistemática que é própria de sua formação, levando-o, no processo de interpretativo, a trabalhar com a ideia de sistema e os seus dois elementos nucleares, como se refere Canaris[208]: o da ordenação teleológica e o da defesa da unidade valorativa e adequação do Direito.

Na preservação reflexiva que o intérprete deve professar em relação à ordem e à unidade do sistema, vicejará na sua mente ativa e pensante a deficiência jurídica[209] incrustada no art. 5º, LXVII, da Constituição Federal de 1988, permitindo que se detecte a má técnica legislativa decorrente da utilização de uma expressão aberta e polissêmica como gênero e a inserção no seu bojo de uma espécie, cuja natureza jurídica lhe transpassa e difere, gerando severa tensão com outros direitos fundamentais, como, por exemplo, o concernente à celeridade, tempestividade e efetividade da prestação jurisdicional.

Luiz Guilherme Marinoni[210], no processo interpretativo do art. 5º, LXVII, da Constituição Federal de 1988, chama atenção do intérprete para o que diz o cânon da harmonização de sentido, no intuito de adequar os ditames daquele preceptivo ao que estabelecem outros direitos igualmente fundamentais, sobretudo a efetividade da tutela jurisdicional, senão vejamos:

> Na verdade, deparando-se com a norma do art. 5º, LXVII, da CF, deve o intérprete estabelecer, como é óbvio, a dúvida que a sua interpretação suscita. Ou seja, se

---

(207) Cumpre observar uma sutil diferença entre os cânones da atualização de sentido e da harmonização propalados no texto. No primeiro, a adequação é feita a partir de estímulos externos advindos das experiências que se perpassam na realidade. No segundo, a harmonia provém de autorreflexão, ou seja, de estímulos internos e espontâneos que defluem do intérprete no momento da interpretação.

(208) *Pensamento sistemático e conceito de sistema na ciência do Direito*. 2. ed. Lisboa: Fundação Calouste Gulbenkian, 1980. p. 153-154.

(209) ENGISCH, em *Introdução ao pensamento jurídico*. 10. ed. Lisboa: Fundação Calouste Gulbenkian, 2008. p. 275, concebe o conceito comum de deficiência às lacunas e contradições existentes no ordenamento jurídico. Tanto uma espécie como outra é classificada como primárias ou secundárias, conforme a deficiência se apresente imediata ou mediatamente à vigência do preceito legal. Entre as espécies de contradições, Engisch relata as decorrentes de técnica legislativa, normativa, valorativa, teleológica e de princípios. *Ibidem*, p. 311-318.

(210) *Op. cit.*, p. 237-238.

ela veda o uso da prisão como meio de coerção indireta ou somente a prisão por dívida em sentido estrito. A partir daí, verificando-se que a norma aponta para dois direitos fundamentais, isto é, para o direito à efetividade da tutela jurisdicional e para o direito de liberdade, deve ser investigado o que significa dar aplicação a cada um deles. Concluindo-se, a partir da análise da própria razão de ser destes princípios, que a sua aplicação deve ser conciliada ou harmonizada, não há como deixar de interpretar a norma no sentido de que a prisão deve ser vedada quando a prestação depender de disposição de patrimônio, mas permitida para a jurisdição poder evitar — quando a multa e as medidas de coerção diretas não se mostrarem adequadas — a violação de um direito, já que de outra maneira os próprios direitos ficarão desprovidos de tutela, e assim o ordenamento, exatamente na parte que consagra direitos invioláveis e fundamentais, assumirá a configuração de mera retórica, e desta forma sequer poderá ser chamado de "ordenamento jurídico".

Nesse caso, a harmonia do sistema perpassará pela ponderação dos valores em conflito, quais sejam, de um lado a liberdade individual e, de outro, a efetividade da tutela jurisdicional, a autoridade do Direito e do Estado/juiz que irradiam reflexos na segurança jurídica sentida pelo corpo social, devendo a correspondência hermenêutica de sentido ser encontrada pela aplicação da *ratio iuris* e não da *mens legis*, inflectindo o intérprete, inclusive, *contra legem* ou *corrigendi causa*.

Pois bem, a unificação interpretativa da proibição da prisão civil do depositário infiel, independentemente de suas modalidades, isto é, da natureza jurídica de suas espécies, afronta todos esses cânones hermenêuticos, deturpando a índole da retenção civil na hipótese dedepositário judicial de bens penhorados, supostamente em homenagem ao Pacto de San José de Costa Rica.

Considerando a profusão de personalidades jurídicas sobre as quais pode recair o encargo de depositário (o devedor, o próprio credor e até terceiro estranho ao processo), demonstra-se que a eventual ordem de prisão em relação à pessoa do executado/ depositário não diz respeito a sua dívida em si, nem a nenhum elemento de direito privado, mas concerne ao desempenho inadequado e culposo dos deveres de guarda e conservação dos bens que lhe foram confiados, como também à inescusável recusa de entrega da coisa no estado em que se encontrava quando passada a sua batuta através de uma relação jurídica de direito público mantida diretamente com o juiz da execução.

Portanto, é bem de ver que, quando o encargo de depositário incide sobre a pessoa do devedor, concorre sobre si um duplo e distinto papel processual, a saber: o de executado vinculado e submisso aos atos de execução e o de depositário comprometido eticamente com a administração da justiça e, pois, com o maior êxito possível da tutela executória.

Nessa perspectiva, a retenção do depositário judicial infiel possui uma autonomia hermenêutica própria que é desvinculada e transcendental à dívida deduzida na lide, não se concebendo como lógica e razoável a inter-relação desse elemento obrigacional com o credor e os terceiros sobre os quais também podem sopesar o fardo.

Dessarte, não se pode admitir como razoável a relação gênero/espécie entre a prisão civil por dívida e a retenção civil do depositário judicial infiel, sem se impor, do ponto de vista lógico, uma flagrante e inaceitável violação do todo e da parte do texto, imolando-se o cânon da aderência de sentido durante o processo de compreensão e interpretação que, *ipso facto*, passa a ser arbitrário e abusivo.

4.6. Pela revisão do texto e por uma interpretação constitucionalmente adequada à Súmula Vinculante n. 25, do STF

Atual disciplina jurídica das tutelas específicas previstas no Código Processual Civil (arts. 461/461-A) e no Código de Defesa do Consumidor (art. 84) é tida como um dos maiores avanços obtidos pela processualística pátria na reforma processual ocorrida em 1994, sobretudo no que se refere à maximização da efetividade da prestação jurisdicional de natureza mandamental, permitindo o cumprimento de forma eficaz das obrigações de fazer, não fazer e de entregar coisa, através não só da inibição da prática do ilícito, mas, também, de sua remoção em concreto, quando já praticado.

Esse avanço está representado pela ruptura do sistema brasileiro com o de tradição continental ou romano-germânico e pela aproximação com o sistema anglo-americano. Com efeito, na seara das obrigações de fazer, não fazer e de entregar coisa, passou-se, vetorialmente, do princípio da previsibilidade ou tipicidade das formas de tutelas executivas ao princípio da liberdade do juiz na escolha da tutela executiva adequada à resolução do caso concreto, consagrando a efetiva garantia constitucional de acesso à justiça.

Essa liberdade do juiz na escolha da tutela executiva adequada à realização material do direito certificado na sentença está explicitada na própria redação do parágrafo quinto do art. 461 do CPC, no qual se diz que o magistrado, de ofício ou a requerimento, poderá determinar as "medidas necessárias à execução", as quais em tudo lembram as *specific performance* (para as prestações positivas) e as *injuctions* (para prestações negativas) existentes no sistema da *common law*[211].

Nesse mesmo dispositivo, o legislador expõe um rol exemplificativo das medidas de apoio que o juiz pode tomar em prol da efetividade da tutela específica, a saber: multa por atraso, a busca e apreensão, a remoção de pessoas ou coisas, desfazimento de obras e atividades nocivas, inclusive com o auxílio de força policial, caso necessário.

É relevante se notar que o entendimento de que esse rol de medidas é apenas exemplificativo advém até mesmo da literalidade da expressão "tais como" contida no dispositivo, intercalando a locução "poderá determinar as medidas necessárias à execução" e os exemplos que passa a arrolar.

---

(211) A esse respeito, vide SILVA, Ovídio Baptista da. *Curso de processo civil*: execução obrigacional, execução real e ações mandamentais. v. II. 3. ed. São Paulo: Revista dos Tribunais, 1998. p. 343 e ARENHART Sérgio Cruz. *A tutela inibitória na vida privada*. São Paulo: Revista dos Tribunais, 2000. p. 204-205.

Não há dúvida de que existe sensível tensão entre o valor da liberdade individual do devedor, aqui encarado como a garantia do indivíduo em saber previamente as formas possíveis de o Judiciário interferir em sua órbita privada no caso de descumprimento de uma decisão judicial, e, especialmente, o direito à efetividade da tutela jurisdicional em concreto, tendo o legislador privilegiado este em detrimento daquele, na busca da concordância prática de ambos no ordenamento jurídico, ressalvada, por evidente, a proibição do excesso, daí a importância da fundamentação da decisão judicial para a aferição de sua racionalidade.

Estabeleceu-se, portanto, a possibilidade de utilização de técnicas de execução direta e indireta para o cumprimento de obrigações de fazer, não fazer e de entregar coisa, a serem aplicadas com razoabilidade, sendo que, na primeira modalidade, o juiz determina a execução do direito diretamente por um auxiliar do juízo (em geral, o oficial de justiça) ou por terceiros, sub-rogando ou prescindindo do concurso da vontade do devedor para o adimplemento, enquanto, na segunda espécie, o magistrado se vale de meios coercitivos para pressionar o executado psicológica ou economicamente, a fim de induzi-lo ao cumprimento da decisão judicial.

Deve ser destacado que essas medidas coercitivas não se tratam de punição ao devedor pelo não cumprimento da decisão judicial ou prática de abuso processual, mas apenas de uma forma de compelir o devedor à observância da determinação mandamental, não se confundindo com indenização por perdas e danos ao credor, tanto que o juiz está autorizado a suspendê-las, majorá-las ou até mesmo substituí-las quando insuficientes, excessivas ou incapazes de satisfazer sua finalidade, ainda que constem expressamente da sentença transitada em julgado[212], conforme previsto nos parágrafos segundo e sexto do art. 461 do CPC.

Dentre as técnicas executivas para o cumprimento de tutelas específicas ou dos provimentos mandamentais, sem dúvida que a cominação de multa diária ou *astreinte* é a modalidade mais comum. No entanto, essa técnica encontra seu limite teleológico na capacidade econômica do devedor[213], pois se o mesmo não detiver idoneidade financeira para arcar com o pagamento da cominação, a técnica coercitiva em apreço se demonstrará inteiramente ineficaz para impactá-lo e formar seu convencimento no sentido de que é melhor cumprir a determinação judicial do que arcar com mais esse ônus.

Há situações, portanto, em que as cominações patrimoniais não surtem qualquer efeito, devendo o juiz, com a devida parcimônia, intentar as coerções pessoais para entregar ao credor o resultado útil do processo.

---

(212) Marcelo Lima Guerra refere-se a essa questão para dizer que se trata da incidência da *cláusula rebus sic stantibus* pela mudança da situação fática que converge para a ineficácia da medida coercitiva indicada no bojo da sentença e a possibilidade de o juiz modificar a medida coercitiva ou mesmo não aplicá-la. Em *Execução indireta*. São Paulo: Revista dos Tribunais, 1999. p. 193.

(213) No mesmo sentido, veja-se MARINONI, Luiz Guilherme. *Op. cit.*, p. 218-219, e ARENHART, Sérgio Cruz. *Op. cit.*, p. 194-195.

Em que pese às controvérsias jurisdicionais e doutrinárias a respeito, parece-nos evidente que a prisão civil como forma coercitiva de cumprimento de decisões judiciais não foi sonegada pelo legislador constitucional, pois, no art. 5º, LVXII, reporta-se apenas a uma de suas espécies, vale dizer, a prisão civil por dívida.

Sob pena de romper com a própria Constituição, a expressão "dívida" não pode ser suprimida ou simplesmente ignorada no contexto dessa discussão, a exemplo do que fez o Supremo Tribunal Federal, quando redigiu a Súmula Vinculante n. 25, nos seguintes termos: "É ilícita a prisão civil do depositário infiel qualquer que seja a modalidade de depósito".

Como já referido nesta obra, basicamente há dois sentidos[214] que podem ser empregados à expressão "dívida". Primeiro, em sentido estrito, como sinônimo de obrigação patrimonial[215]. Segundo, em sentido amplo, traduzindo-se como toda e qualquer modalidade de obrigação civil[216].

Não há dúvida de que as exceções contidas no art. 5º, LXVII, denunciam que o legislador está se referindo à dívida no sentido obrigacional, seja de pagar quantia (como no caso do alimentante), seja de entregar coisa (no caso do depositário infiel). Em ambas, perpassa evidente a ideia de vínculo obrigacional que concerne ao devedor, nada se aludindo a hipóteses de descumprimento de relações de direito público em afronta ao *ius imperium* estatal e a autoridade do direito.

É de notar a característica de que, quando o encargo de fiel depositário judicial é assumido pelo devedor na fase executiva do processo em que é demandado, recai sobre si uma dupla e distinta vinculação processual: a de executado submisso aos atos de execução e a de auxiliar do juízo comprometido eticamente com o maior êxito possível da tutela executória. Nesse caso, quando ele incorre em infidelidade depositária, não se promove punição pelo não cumprimento da dívida exequenda em si, mas mera coerção para o cumprimento do encargo de custódia e entrega do bem que lhe foi confiado, a partir da relação de direito público deflagrada para auxiliar o juiz da execução.

Por outro lado, é bem de ver que as espécies de depósito existentes não se circunscrevem ao campo obrigacional civil, tampouco devem ser resumidas à disciplina dos depósitos convencionais. Aliás, nem mesmo os depósitos necessários serão regidos pelas regras dos depósitos facultativos, *ex vi* do disposto no art. 648, do Código Civil.

---

(214) A esse propósito, veja-se GUERRA, Marcelo Lima. *Ibidem*, p. 244.

(215) Remetemos o leitor à discussão realizada no item 5.3 deste capítulo e ao segundo capítulo desta obra, no qual procuramos demonstrar que o sentido a ser aplicado é o de dívida enquanto elemento obrigacional privado.

(216) Entendendo pelo sentido amplo: TALAMINI, Eduardo. Ainda sobre a prisão como execução indireta: a criminalização da desobediência às ordens judiciais. In: SHIMURA, Sérgio; WAMBIER, Teresa Arruda Alvim (Coords.). *Processo de execução*. Série Processo de execução e assuntos afins. v. 2. São Paulo: Revista dos Tribunais, 2001. p. 279-313; SILVA, Ovídio Baptista da. *Op. cit.*, p. 342; e MEDINA, José Miguel Garcia. *Execução civil*: princípios fundamentais. São Paulo: Revista dos Tribunais, 2002. p. 339.

Ora, se nem os depósitos necessários estão jungidos à mesma disciplina dos depósitos facultativos, então, como maior razão, os depósitos judiciais, cuja natureza jurídica não é contratual, mas sim de direito público, também não podem ser reduzidos a esse regime; do contrário, estar-se-ia deturpando arbitrariamente o instituto, em detrimento da dignidade da função judicial e ainda do direito fundamental à efetividade da tutela jurídica.

Seguindo essa mesma linha de raciocínio, posiciona-se Sérgio Cruz Arenhart[217]:

> Quanto à prisão para cumprimento de ordem judicial, não tem esta caráter obrigacional. Ao contrário, deriva do *imperium* estatal e tem por fim resguardar a dignidade da Justiça. Enfim, encontra apoio na regra do art. 5º, inciso XXXV, da Constituição Federal, no que pertine à garantia de um provimento jurisdicional útil. Isto porque, em tese, pode haver situações em que a única forma de se obter provimento jurisdicional capaz de ser eficaz no caso concreto será contando com a colaboração do réu (sujeito a uma ordem judicial); e, também, não é difícil imaginar hipóteses (especialmente em sede de tutela inibitória) em que a imposição de *astreintes* ou de outra medida de apoio, que não a prisão civil, seja totalmente inadequada para garantir o cumprimento da determinação. Para estes casos, então, será legítima a imposição da prisão civil como meio coercitivo, sem que se vislumbre qualquer óbice a isto na regra constitucional do art. 5º, LXVII (ou mesmo nos textos das convenções inicialmente mencionadas).

Nessa perspectiva, a redação da Súmula Vinculante n. 25 do STF se mostra arbitrária do ponto de vista hermenêutico, na medida em que, inexplicavelmente, suprime a expressão "dívida", disciplinando a matéria relativa à prisão civil do depositário infiel de forma genérica, como se aquela locução simplesmente inexistisse na Constituição, o que, *ipso facto*, torna-lhe inconstitucional, porquanto seu teor vai além do que foi proibido pelo legislador constituinte, imolando os direitos fundamentais de efetivo acesso à justiça e da efetividade da tutela jurisdicional, os quais ficam em um limbo sem qualquer concordância prática com a garantia da liberdade individual.

A vedação constitucional em comento deve ser interpretada evolutivamente[218] no sentido de que seu comando se circunscreve às prisões civis por dívida, isto é, às vinculadas a elementos de índole obrigacional, não dizendo respeito às medidas coercitivas tomadas pelo Estado/juiz para coibir o descumprimento de ordens judiciais, a exemplo do que ocorre com o depositário judicial infiel.

Segundo Konrad Hesse[219], a interpretação constitucional está submetida ao princípio da ótima concretização da norma, encontrando como limite o sentido da

---

(217) *Op. cit.*, p. 212.

(218) De acordo com Luís Roberto Barroso, a interpretação evolutiva é um processo informal de reforma do texto da Constituição, consistindo na atribuição de novos conteúdos à norma constitucional, sem a modificação de seu teor literal. *Interpretação e aplicação da Constituição*: fundamentos de uma dogmática constitucional transformadora. 3. ed. São Paulo: Saraiva, 1999. p. 144.

(219) *A força normativa da Constituição*. Trad. de: Gilmar Ferreira Mendes. Porto Alegre: Sergio Antônio Fabris, 1991. p. 22-23.

proposição jurídica, o qual não pode ser alterado pelo intérprete, nem mesmo o autêntico. Nesse contexto, vaticina que:

> A interpretação adequada é aquela que consegue concretizar, de forma excelente, o sentido (Sinn) da proposição normativa dentro das condições reais dominantes numa determinada situação.

> Em outras palavras, uma mudança das relações fáticas pode — ou deve — provocar mudanças na interpretação da Constituição. Ao mesmo tempo, o sentido da proposição jurídica estabelece o limite da interpretação e, por conseguinte, o limite de qualquer mutação normativa.

Ora, se o *telos* do preceito constitucional esposado no art. 5º, inciso LXVII era vedar a "prisão civil por dívida", então esse é o limite imanente da interpretação desse direito fundamental, não podendo o intérprete ir além e sonegar toda e qualquer forma de prisão civil, sem imolar a vontade da Constituição e sua força normativa.

Por outro lado, se as normas constitucionais têm, por excelência, uma textura aberta e factível de engendrar uma pluralidade de interpretações, algumas, inclusive, inconciliáveis, deve o intérprete se orientar pelo princípio da unidade da constituição, procurando harmonizar os preceptivos que estejam em aparente tensão, de modo a não tolher a atuação de um em detrimento da aplicabilidade de outros.

Nessa linha de raciocínio, Luís Roberto Barroso é incisivo:

> É precisamente por existir pluralidade de concepções que se torna imprescindível a unidade na interpretação. Afinal, a Constituição não é um conjunto de normas justapostas, mas um sistema normativo fundado em determinadas ideias que configuram um núcleo irredutível, condicionante da inteligência de qualquer de suas partes. O princípio da unidade é uma especificação da interpretação sistemática, e impõe ao intérprete o dever de harmonizar as tensões e contradições entre normas. Deverá fazê-lo guiado pela bússola da interpretação constitucional: os princípios fundamentais, gerais e setoriais inscritos ou decorrentes da Lei Maior.[220]

Desse modo, se a Súmula Vinculante n. 25 é escorreita quando abraça a Convenção Internacional de Direitos Humanos como norma supralegal e obsta a prisão civil dos depositários contratuais, mercê da ampliação da proteção internacional a esse respeito, em cuja ribalta se alberga o princípio *pro homine,* o mesmo não se pode dizer quando o verbete impõe a vedação da ordem civil de confinamento pessoal "qualquer que seja a modalidade de depósito", pois, nesse campo, o Supremo Tribunal Federal foi além do que previra o preceptivo contido na Constituição e do que contempla a própria norma internacional, observada a redação do art. 7º, item II, que, conforme já examinado nesta obra, também não exclui a possibilidade de coerção pessoal diante de hipóteses processuais de *contempt of court*.

---

[220] *Op. cit.,* p. 188.

É imperioso, portanto, compreender-se aquele verbete vinculativo de uma forma constitucionalmente adequada, a fim de harmonizá-lo com a vontade da Constituição e com outros direitos fundamentais asseguradores da efetividade do acesso à justiça e da tutela jurisdicional, os quais estão em latente rota de colisão consigo.

Assim, a expressão "qualquer que seja a modalidade de depósito" contida na Súmula Vinculante n. 25 do STF deve ser interpretada no sentido de "qualquer que seja a modalidade de depósito civil ou contratual", fomentando a adequação daquele verbete sumular ao preceptivo do art. 5º, LXVII, o qual não veda a prisão civil como gênero e, pois, não sonega a possibilidade de sua ordenação pelo juiz como medida coercitiva para o cumprimento de provimentos mandamentais de ordem pública, a exemplo do que ocorre nas determinações judiciais não cumpridas por depositários judiciais, quando está em jogo a autoridade do direito e a efetividade da tutela jurisdicional.

Veja-se que a interpretação ora proposta tem razão de ser, considerando não só a necessidade de adequação à vontade da Constituição e de harmonização do preceptivo em análise com outros direitos fundamentais em tensão, mas, também, como já argumentado, levando-se em conta que o depósito legal não é regido necessariamente pela mesma disciplina do depósito voluntário, na forma do art. 648, do CC, daí porque o aludido acréscimo não seria desprovido de utilidade.

Por outro lado, conforme observa André Dias Fernandes[221], se não há diferença ontológica substancial entre as decisões do STF em ADIN e ADC e às súmulas vinculantes, e se, tampouco, distinguem-se os limites subjetivos introjectados à sua aplicação e o remédio jurídico a ser buscado em caso de transgressão (a reclamação — arts. 102, I, *l*, e 103-A, § 3º, todos da CF), existe sensível discrepância no que concerne ao âmbito de suas respectivas atuações, pois as primeiras vinculam os juízes mesmo no julgamento de questões análogas e as últimas apenas em questões idênticas.

Nesse contexto, tal como redigida e interpretada, a Súmula Vinculante n. 25 do STF malfere a dicção do art. 103-A, § 1º, da Constituição Federal, pois sua finalidade precípua é a de conter a proliferação de processos em que se discutam *questões idênticas*, o que, como se procurou demonstrar, não ocorre nas hipóteses de prisão civil de depositário infiel contratual ou civil e de prisão civil do depositário infiel judicial.

Verificado que não há similitude na natureza jurídica dos depósitos contratuais e dos depósitos judiciais, tratando-se de mera *catacrese jurídica*[222], insta também se reconhecer que não existe identidade no fundamento das respectivas ordens de prisão civil, descabendo-se falar, portanto, em *questão idêntica* para fins de regramento uniforme das matérias através de um mesmo verbete vinculativo, daí porque a redação da Súmula

---

(221) *Eficácia das decisões do STF em ADIN E ADC*: efeito vinculante, coisa julgada *erga omnes* e eficácia *erga omnes*. Salvador: Juspodivm, 2009. p. 175-177.

(222) Segundo o dicionário do Aurélio, a catacrese é uma figura de retórica que consiste no emprego de uma palavra com sentido desviado da natural significação, por falta de uma palavra própria. Disponível em: <www.dicionariodoaurelio.com> Acesso em: 29 nov. 2010.

Vinculante n. 25 deve ser revista, de ofício ou por provocação das entidades legitimadas constitucionalmente a fazê-lo[223], para a seguinte proposição: "É ilícita a prisão civil do depositário infiel qualquer que seja a modalidade de depósito civil ou contratual".

Até que essa revisão seja realizada, em consagração ao princípio da unidade da constituição, a Súmula Vinculante n. 25 do STF deve ser adequadamente interpretada no sentido de vincular objetivamente apenas os depósitos civis ou contratuais, não acolhendo qualquer efeito vinculativo aos depósitos judiciais.

Aliás, o próprio Supremo Tribunal Federal, utilizando-se do princípio da proporcionalidade, já relativizou o efeito vinculativo e a eficácia *erga omnes* de seus julgados em ADIN e ADC, podendo, em tese, fazer o mesmo em sede de súmula vinculante.

Por exemplo, no julgamento da ADIN n. 223-6/DF, requerida pelo PDT — Partido Democrático Trabalhista, em que foi relator para o acórdão o Ministro Sepúlveda Pertence, o STF indeferiu o pedido de liminar para suspender a vigência da MP n. 173/90 que vedava a concessão de medidas cautelares contra o poder público, referindo expressamente sobre a necessidade de controle da razoabilidade de leis restritivas ao poder cautelar dos juízes, autorizando-os, por sua vez, a promoverem, incidentalmente, o controle difuso de constitucionalidade daquela norma nos casos concretos que examinassem[224].

Já no caso da ADPF n. 130-MC/DF, por coincidência também arguida pelo PDT, cuja relatoria coube ao Ministro Carlos Britto, o STF suspendeu a eficácia de alguns artigos da Lei n. 5.250/67 que representavam censura prévia à liberdade de imprensa e que, *ipso facto*, não foram considerados recepcionados pela CF/88, especialmente pelos padrões de liberdade de expressão consagrados na carta dirigente. Nessa hipótese, através do princípio da proporcionalidade, declarou a precedência dos direitos de personalidade que dão conteúdo à liberdade de imprensa em face do bloco de direitos de personalidade correspondentes à figura do ofendido, postergando aos juízes, no exame de casos concretos, também por critérios de razoabilidade, a aferição de direito de resposta e o assentamento das responsabilidades penal, civil e administrativa do jornalista e do órgão midiático que represente[225].

Resta, finalmente, observar que o efeito vinculativo das súmulas vinculantes não autovincula o STF, a teor da redação da cabeça do art. 103-A, da Constituição Federal

---

(223) A ANAMATRA — Associação Nacional dos Magistrados da Justiça do Trabalho ingressou em 8.10.2010 no Supremo Tribunal Federal com a proposta de Súmula Vinculante n. 54, visando à revisão parcial da Súmula Vinculante n. 25, para ressalvar, ao menos no âmbito da Justiça do Trabalho, a possibilidade da prisão civil do depositário judicial economicamente capaz, requerendo, liminarmente, a suspensão dos seus efeitos até o julgamento do respectivo pedido revisional. Disponível em: <http://www.stf.jus.br/portal/processo/verProcessoAndamento.asp?incidente=3964906> Acesso em: 5 jan. 2011.

(224) Acórdão Disponível em: <www.stf.jus.br/portal/inteiroTeor/obterinteiroTeor/.asp?classe=ADI-MC&numero=223> Acesso em: 29 nov. 2010.

(225) Disponível em: <http://stf.jus.br/paginador/padinador.jsp?docTP=AC&docID=605411> Acesso em: 29 nov. 2010.

que, expressamente, atribuiu-o aos "demais órgãos do Poder Judiciário", mas, em rigor, não fez o mesmo em relação ao próprio Supremo.

Em outras palavras, ainda que não haja a revisão da Súmula Vinculante n. 25, a Suprema Corte brasileira poderá julgar contrariamente ao conteúdo de tal verbete e promover a concordância prática entre os já mencionados direitos fundamentais conflitantes, aplicando como instrumental da prisão com a combinação do art. 461, § 5º, do CPC e o § 3º do art. 666, que foi acrescido ao CPC pela Lei n. 11.382/2006.

Conclusões

A evolução histórica do instituto da prisão civil revela que o objeto de sua abolição nos sistemas jurídicos ocidentais diz respeito à humanização no campo do cumprimento das obrigações civis e, marcantemente, patrimoniais, não decorrendo, pois, de detenções pessoais em face do descumprimento de comandos não obrigacionais como os provimentos judiciais mandamentais.

O ordenamento prevê como sanção uma série de medidas executivas para se adentrar à esfera individual do devedor, propiciando a realização do direito subjetivo diretamente através de técnicas de sub-rogação ou compelindo-o a adimpli-lo através de medidas de coerção. Na sua feição material, as sanções atingem a obrigação em si, modificando ou agravando a situação jurídica pretérita. Já as sanções processuais não alteram a relação substancial e a substituem, interferindo nela apenas para resguardar-lhe a efetividade.

No seu sentido próprio e jurídico, a coerção é entendida como a pressão psicológica infringida ao devedor para o cumprimento de uma prestação obrigacional ou de um dever legal. Como características peculiares, as medidas coercitivas apresentam o seguinte: 1. caráter processual ou jurisdicional, devendo, em regra, ser aplicadas na fase executiva e, excepcionalmente, em sede de tutela antecipada; 2. inexistência de qualquer traço ressarcitório ou reparatório; 3. ausência de qualquer elemento ou finalidade punitiva; e 4. cessam quando da prática do ato ou quando não for mais materialmente possível praticá-lo.

O *contempt of court* é a conduta em desacato e desobediência a ordens judiciais, sendo tratado no direito anglo-americano como o instrumento mais eficaz para garantir efetividade aos provimentos mandamentais e resguardar o *contempt power,* isto é, a dignidade do exercício da função jurisdicional, assentando-se, explicitamente, no art. 14, do CPC, com a redação dada pela Lei n. 10.538/2001.

Os casos de *contempt of court* podem ser classificados em direto ou indireto (conforme a conduta em desacato seja praticada perante o juízo ou fora dele), das partes ou de terceiro e de natureza civil ou criminal.

Se com a cominação se busca a punição efetiva do infrator da ordem judicial, está-se diante de um *criminal contempt of court*, mas se a sanção prolatada visa compelir, coercitivamente, o *contemnor* ao cumprimento do provimento mandamental, caracteriza-se o *civil contempt*.

O *contempt of court* abraça, claramente, duas espécies de sanções, a saber, a multa e a prisão.

A multa é a modalidade mais comum de sanção aplicável ao *contempt of court* civil ou criminal, porquanto se prefira, em respeito à dignidade da pessoa humana do *contemnor*, imolar seu patrimônio em detrimento de sua pessoa, podendo possuir índole coercitiva ou reparatória. Essa espécie é consagrada no direito brasileiro como o meio coercitivo por excelência, sendo usada em ambas as hipóteses de *contempt of court* e no cumprimento das tutelas específicas relativas às obrigações de fazer, não fazer e de entregar coisa, conforme se observa dos arts. 14, V, parágrafo único, 287, 461, § 4º, 461-A, § 3º, 644 e 645, todos do CPC, aproximando-se da disciplina das *astreintes* do direito gaulês.

Nada obstante sua vasta aplicabilidade na jurisdição brasileira, a multa coercitiva encontra limitação teleológica na capacidade econômica do devedor, pois essa técnica de coerção se demonstra inteiramente ineficaz para impactá-lo e formar seu convencimento na hipótese de incapacidade econômica.

Em situações limítrofes, a prisão civil como forma coercitiva de cumprimento de decisões judiciais não foi, em rigor, sonegada pelo legislador constitucional, podendo ser usada como medida de apoio ao cumprimento de provimentos mandamentais de fazer, não fazer ou de entregar coisa, a teor do rol exemplificativo contido no art. 461, § 5º, do CPC, pois, o art. 5º, LXVII, faz remissão apenas a uma de suas espécies, a saber, a prisão civil por dívida.

Com efeito, a expressão "dívida" contida no preceito constitucional pode ser interpretada em dois sentidos, sendo o primeiro em sentido estrito, como sinônimo de obrigação patrimonial, e o segundo sentido amplo, como toda e qualquer modalidade de obrigação civil. No entanto, apenas a primeira interpretação engendra coerência e unidade ao texto constitucional, promovendo a concordância prática com outros direitos fundamentais, especialmente o relativo ao acesso à justiça e efetividade processual.

Utilizando-se da expressão polissêmica e aberta "depositário infiel", à míngua de outras mais apropriadas a cada uma de suas diferentes espécies, algumas, inclusive, arroladas por equiparação, o legislador e a jurisprudência brasileira emprestaram um caráter jurídico-contratual uniforme a todas as figuras, proporcionando, por anos a fio, a prisão do alienante fiduciário, inobstante não possuísse, em rigor, a feição de um depositário e, hoje, vedam totalmente a retenção pessoal por dívida, prejudicando a possibilidade de decretação do confinamento do depositário judicial de bens penhorados, malgrado seu fundamento em nada esteja relacionado com a dívida material em execução.

Na sua acepção civil genuína, o depósito se trata de uma relação jurídica de natureza contratual através da qual o depositário recebe fiduciariamente coisa alheia móvel com obrigações de guarda, custodia e restituição.

O depósito civil é um contrato causal, *intuiti personae* em relação ao depositário, de natureza real, unilateral e gratuita, pois exige a tradição da coisa para seu aperfeiçoamento, e prescinde para a formação de seu suporte fáctico de declaração de vontade receptícia do depositário, não havendo, ainda, contraprestação a ser dada pelo depositante.

O depósito pode ser, no entanto, bilateralizado e se tornar oneroso, na medida em que o depositário exerça também vontade negocial recíproca e se especifique uma contraprestação a ser prestada pelo depositante.

É também de índole unitária e comutativa, à medida que há uma finalidade específica consistente na guarda e custódia do bem depositado e é possível às partes anteverem seus direitos e obrigações no momento da consumação da avença.

Finalmente, é concebido ainda como um contrato não solene por inexistir uma forma prescrita em lei para a formalização de sua existência ou eficácia, sem embargo de o art. 646, do CC, exigir prova escrita para a comprovação da espécie voluntária.

Não há dúvida de que a prisão do depositário civil decorre diretamente do descumprimento da sua obrigação contratual de restituir a coisa depositada, tratando-se de medida coercitiva que busca interferir na sua esfera subjetiva para fazê-lo adimplir o contrato, sendo bastante para essa inflexão a leitura da dicção do art. 652, do CC: "Seja o depósito voluntário ou necessário, o depositário que não o restituir quando exigido será compelido a fazê-lo mediante prisão não excedente a um ano e ressarcir os prejuízos".

Nessa hipótese, é razoável se argumentar no sentido de que a Convenção Americana de Direitos Humanos, ao omitir a prisão do depositário infiel como hipótese exceptiva da proibição da prisão civil por dívidas, vedou-a completamente, ampliando a proteção internacional à dignidade da pessoa humana, restando evidente que foi banida do cenário brasileiro a partir de sua ratificação formal, seja considerando a corrente que defende o caráter materialmente constitucional dos tratados internacionais de direitos humanos, seja observando a doutrina que defende a feição supralegal de tais normas internacionais.

Diferentemente do depósito civil, a alienação fiduciária em garantia se trata de negócio jurídico referente à transferência da propriedade resolúvel de bem móvel financiado pelo alienante ou fiduciante ao financiador, também denominado credor fiduciário, em garantia do pagamento da dívida contraída, sem ocorrer a tradição efetiva da coisa que ficava na posse direta daquele, o qual, por equiparação legal, assumia a condição de depositário com todas as suas responsabilidades previstas na lei civil e penal.

Na prática, na alienação fiduciária em garantia o devedor-fiduciante é o proprietário do bem, apenas tendo transferido sua propriedade resolúvel em favor do credor-fiduciário até o adimplemento final do financiamento que fez para a compra do bem dado em garantia. Na hipótese do depósito, em nenhuma hipótese o bem pertence ao depositário que conserva a posição de mero guardião ou detentor temporário.

A equiparação do devedor-fiduciante ao depositário civil promovida pelo Decreto-lei n. 911/67 era flagrantemente inconstitucional, pois quando a redação do art. 150, § 17, da Constituição Federal de 1967 previa a possibilidade de prisão do alimentante e do depositário infiel *na forma da lei*, consignava não só uma reserva legal simples, mas, também, uma limitação tácita ou indireta resultante da regra geral proibitiva, não se franqueando ao legislador ordinário, portanto, a ampliação conceitual daquelas formas significativas que permitiam, excepcionalmente, o confinamento pessoal do devedor civil, mas lhe autorizava apenas a disciplina de sua consequência jurídica e do procedimento jurídico para se decretar a retenção constitucionalmente permitida.

No caso do depositário judicial de bens penhorados, a relação jurídica que se instaura com a sua nomeação para o encargo processual promove a vinculação desse sujeito ao juiz da execução sob o manto do *jus imperium* inerente ao exercício do poder jurisdicional. Assim, não se engendra propriamente manifestações de vontades recíprocas, opostas e simétricas em relação ao objeto desse ato, conforme é bem o feitio dos negócios jurídicos celebrados no âmago do princípio do autorregramento ou da autonomia da vontade das partes.

Não se verifica no elo jurídico ultimado pelo depositário judicial a correspectividade de direitos e deveres natural e específica dos direitos obrigacionais, mas, sim, a correspondente aos direitos potestativos, de modo que o pressuposto da ilicitude para a aplicação da consequência sancionadora não é o descumprimento da prestação do sujeito obrigado, mas a resistência no tolerar e suportar os encargos respectivos, que, no caso, são tomados perante o Estado.

Na nomeação do depósito judicial de bens penhorados, a consensualidade formada pela aquiescência do depositário é, em determinadas situações, dispensável, podendo o juiz suprir a vontade do depositário, se as circunstâncias assim o determinarem, pois a causa do ato de penhora é a finalidade pública consagrada no exercício do poder jurisdicional, o qual visa atender aos reclamos de segurança jurídica das relações, inclusive a processual, além da conservação da harmonia do convívio social.

O próprio Código de Processo Civil não deixa dúvidas ao apontar o depositário como um auxiliar da justiça, a teor do que dispõem os arts. 139 e 148/150, remanescendo a conclusão de que se impele, a partir de sua nomeação no processo, o exercício de um *múnus público* que vincula todo cidadão como decorrência do dever geral de colaboração com o exercício da função jurisdicional.

Por outro lado, conforme verbera o art. 666, do Código de Processo Civil, a figura de depositário poderá recair na pessoa de depositário público ou particular e, com a concordância do credor, na do devedor, ocasião em que sobre esse sujeito concorre um duplo papel processual, a saber: de executado vinculado e submisso aos atos de execução e de depositário comprometido eticamente com o maior êxito possível da tutela executória.

No processo do trabalho, ocorrem um sem-número de hipóteses em que o próprio credor é nomeado depositário do bem, posto que a adjudicação trabalhista não é realizada antecipadamente, ocorrendo apenas no momento da hasta pública, a teor da disciplina do art. 888, da Consolidação das Leis do Trabalho (CLT). Nesses casos, como é lógico, procede-se a remoção do bem que fica sob a custódia do credor.

Essa profusão de personalidades jurídicas sobre as quais pode recair o encargo de depositário judicial de bens penhorados demonstra cabalmente que a eventual ordem de prisão em relação à pessoa do executado/depositário não diz respeito a sua dívida em si, nem a nenhum outro elemento jurídico de cunho privatístico, mas concerne ao desempenho inadequado e culposo dos deveres de guarda e conservação dos bens que lhe foram confiados, como, também, a inescusável recusa de entrega da coisa, os quais são decorrentes da relação de direito público deflagrada.

Por sua vez, se a relação jurídica formada com a nomeação do depositário judicial de bens penhorados não é de direito privado, mas de direito público, consistindo em típico ato da fase processual de execução, era perfeitamente lógico e razoável o entendimento esposado na Súmula n. 619 pelo Supremo Tribunal Federal que assim versava: "A prisão do depositário judicial pode ser decretada no próprio processo em que se constituiu o encargo, independente da propositura da ação de depósito".

Foi na esteira desse idêntico raciocínio e seguindo o entendimento esposado na Súmula n. 619, do STF, que a Lei n. 11.382/2006 introduziu no Código de Processo Civil a norma do parágrafo terceiro do art. 666, dispondo, textualmente, o seguinte: "A prisão do depositário judicial será decretada no próprio processo, independente de ação de depósito".

Nesse contexto, considerando que a função do depositário judicial de bens penhorados pode recair sobre várias personalidades jurídicas e não havendo qualquer traço contratual na relação jurídica deflagrada, a qual é regida por normas de direito público, não se deve, nem mesmo subliminarmente, atrelar essa hipótese de determinação judicial de confinamento pessoal à dívida em execução, com o fito de se invocar sua vedação fundada no entinema referente à afronta à Convenção Americana de Direitos Humanos ratificada pelo Brasil; do contrário, estar-se-á limitando injustificadamente a atuação do poder jurisdicional, e se promovendo, inclusive, severa antinomia ao direito fundamental alusivo à efetividade e tempestividade da prestação da tutela jurisdicional, consagrado no art. 5º, LXXVIII, da CF/88, acrescentado pela Emenda Constitucional n. 45/2004.

Obtempere-se ainda que, a partir do teor do art. 7º, II, da Convenção Americana de Direitos Humanos, não se permite inferir que a norma internacional haja vedado as prisões processuais de natureza *contempt of court*, tomadas com fulcro na legislação vigente, pois nesses casos não se está em jogo a dívida, mas a salvaguarda da supremacia da Constituição, da autoridade do Direito e da dignidade do Poder Judiciário.

Do ponto de vista sancionatório, a prevalecer a interpretação que vem sendo dada à temática, é bastante discutível a proteção à liberdade individual consagrada por aqueles que entendem que a prisão civil do depositário judicial infiel restou banida pela ratificação da Convenção Internacional de Direitos Humanos pelo Brasil, na medida em que transforma sua conduta de um ilícito (ato contrário ao direito) processual em um ilícito penal.

Da coerção que o depositário se livrava com o cumprimento da ordem judicial de entrega dos bens penhorados, passa-se a aplicação de uma punição definitiva de sua conduta lesiva, que pode ser enquadrada não só como crime de desobediência, mas, dependendo do caso, como de estelionato, cujas penas não podem ser levantadas, mesmo na hipótese de cumprimento tardio.

A importância do estudo sobre a estrutura das proposições de direito fundamental remete às formas de resolução das tensões ou conflitos existentes sobre os bens jurídicos tutelados quando da sua aplicação pelo juiz no caso concreto. Com efeito, enquanto o conflito de regras é, em geral, solucionado através da realização de uma interpretação sistemática sob a ótica subsuntiva binária da validade/não validade dos preceitos que é aferida pelos critérios da superioridade, especialidade ou posterioridade, a colisão de princípios cede passo à elaboração de regras de preferência ou precedência como condição para sua eficácia na situação deduzida em particular, buscando-se apoio no princípio da proporcionalidade.

Com efeito, os princípios são mandamentos de otimização para que algo seja realizado na maior medida possível dentro das possibilidades fáticas e jurídicas existentes; já as regras jurídicas são determinações no âmbito daquilo que é fática e juridicamente possível.

Enquanto as normas são aplicáveis de maneira disjuntiva, ou seja, atuam na base do tudo ou nada, e, na hipótese de conflito entre elas, a antinomia é resolvida com a declaração de invalidade de uma delas, a partir de critérios como o da superioridade, posterioridade, especialidade ou outro similar, os princípios transcendem a uma magnitude que falta àquelas, qual seja, a dimensão do peso ou importância, a qual não remete a uma mediação exata da tensão existente entre eles.

A liberdade a que se refere o proibitivo constitucional da prisão civil por dívidas tem caráter principiológico e é de natureza negativa em sentido estrito, consistente em verdadeiro direito de defesa contra constrangimentos pessoais a serem causados pelo Estado na hipótese de inadimplemento voluntário de obrigações. Por sua vez, a exemplo das demais liberdades fundamentais, é protegida por um sistema de normas que a garante como instituição, o qual se ultima não pela descrição ou detalhamento da regra geral proibitiva, senão pelo regramento instrumental a ser seguido nas hipóteses exceptivas do alimentante e do depositário infiel.

A dogmática contemporânea transformou a proteção dada à tutela jurídica da liberdade, como, também, à interpretação constitucional a respeito dos direitos fundamentais, tendo-se saído da linha da esfera jurídica subjetiva individual, ao feito do regime liberal clássico, para uma concepção mais objetiva e institucional que se ampara na própria Constituição e que otimiza a proteção jurídica para o contexto social, ou seja, em benefício da coletividade.

Assim, eventuais restrições à liberdade, antes cunhadas prévia e aprioristicamente de negativa, passaram a ser, no exame de casos vertentes, apreciadas construtivamente com respaldo no princípio da unidade da Constituição e inferidas de forma concreta quanto à prevalência da sua dimensão jurídico-individual ou da jurídico-coletiva através do princípio da proporcionalidade.

Distanciando-se da perspectiva liberal sob a qual nasceu a doutrina dos direitos fundamentais, as concessões estatais à esfera jurídica dos cidadãos não podem se circunscrever a proposições meramente programáticas ou simbólicas, de modo que o acesso à justiça somente revela a inteireza de sua fundamentalidade quando refletido não apenas na ribalta do direito ao ingresso ao Judiciário, ou seja, sob o restrito âmago do direito de peticionar, mas, sobretudo, quando pensado no sentido de direito à obtenção de um provimento jurisdicional adequado, que salvaguarde a pretensão do titular, revelando a simbiose daquela garantia original com a temática da efetividade processual e sua aproximação com a ideia de organização e procedimento.

As prestações devidas pelo Estado à concretização do acesso à justiça e, pois, da efetividade processual, não perpassam apenas aos âmbitos dos Poderes Executivo e Legislativo, mas envolvem, também, o papel do Judiciário na sociedade contemporânea e complexa, o qual passa a ser visto como catalisador de processos hermenêuticos mais comprometidos com o princípio da unidade da Constituição, e, pois, com a maior eficácia dos direitos fundamentais, impondo-se que o princípio republicano da separação de poderes seja revisitado com uma nova leitura mais consentânea com o atual momento histórico vivenciado.

A legitimidade para a execução dessa tarefa hermenêutica criativa pelo Judiciário, cujo foco é a realização efetiva da Constituição, decorre dos próprios direitos fundamentais, o que revela seu caráter democrático, na medida em que inexiste constitucionalismo sem a realização material das liberdades materiais previstas no texto constitucional.

Esse giro hermenêutico ressalta a insuficiência dos velhos métodos da hermenêutica técnica na resolução dos conflitos e, máxime, na concretização dos direitos fundamentais, passando o Judiciário, na apreciação dos casos submetidos a seu crivo, do parâmetro estrito da legalidade para o de constitucionalidade, com base nos princípios da supremacia e unidade da Constituição, da concordância prática de seus preceptivos e do princípio da proporcionalidade, revelando a face objetiva dos direitos fundamentais, a qual se entroniza na feição subjetiva individual para substituir o conceito de eficácia formal pelo de eficácia real, efetiva e concreta das liberdades fundamentais.

A tensão entre os direitos fundamentais e, em especial, entre a liberdade individual e a efetividade processual, considerada como garantia institucional e efetiva dos demais direitos fundamentais, não deve ser encarada e resolvida segundo a perspectiva de regras prévias e aprioristicas de solução de antinomias, mas imprescinde da apreciação das circunstâncias que jazem no caso concreto, daí a importância do princípio da proporcionalidade para a interpretação constitucional.

O princípio da proporcionalidade apresenta-se como meio constitucional e legítimo de solução de conflitos entre princípios de direitos fundamentais, pois, sendo mandamentos genéricos de otimização, tais estandartes possuem uma validade *prima facie* e buscam a maior eficácia possível do valor consagrado em seu bojo com a formulação de uma regra de precedência no caso concreto que estabeleça uma concordância prática entre eles, não podendo se recorrer disjuntivamente ao plano da validade, como sói ocorre com as exclusões antinômicas verificadas nos entrechoques das regras jurídicas.

A atividade ponderativa que deve ser operada na atuação do princípio da proporcionalidade não se restringe ao processo de construção psíquica do intérprete, podendo a racionalidade da declaração de preferência ser aferida através da sua justificação ou fundamentação, que, aliás, é um pressuposto constitucional de validade de qualquer decisão judicial no Brasil.

A doutrina mais recente que se ocupa do estudo do direito internacional público e privado defende que as antinomias entre o direito interno e os tratados e convenções internacionais, especialmente os que versam sobre direitos humanos, não devem ser resolvidas através dos dialéticos critérios cronológico, hierárquico e da especialidade acima examinados, eis que o *telos* dessas normas transcende ao escalonamento formal do positivismo legalista que sustenta a primazia do ordenamento jurídico nacional em detrimento do internacional.

Segundo essa teoria, na vigência do Estado Constitucional e Humanista de Direito, as antinomias entre as normas internacionais e o direito doméstico hão de ser solucionadas pelo diálogo das fontes jurídicas conflitantes, através do qual o aplicador do direito deve escutá-las e coordená-las, a fim de fazer com que prevaleça o poder (força) de atração daquela que melhor assegure a dignidade da pessoa humana.

Porém, cabe advertir que somente será razoável e coerente a resolução de controvérsias a partir do diálogo das fontes, se elas estiverem interagindo sobre o mesmo objeto. Com efeito, é imprescindível a qualquer forma dialogal, por mais rudimentar que seja sua natureza, que haja, sobre o objeto que se está dialogando, um consenso lógico entre os artífices — nesse caso, as regras conflitantes a dialogarem, pois, do contrário, o entendimento formado não passará de um mal-entendido hermenêutico ou de uma violência retórica e pragmática ao processo linguístico de busca de sentido na aplicação do direito.

Nesse contexto, o Supremo Tribunal Federal ditou a Súmula Vinculante n. 25, tendo passado a resolver, na esteira de diversos precedentes judiciais, o conflito entre a Convenção Americana de Direitos Humanos e a dicção do art. 5º, LXVII, declarando a prevalência da impossibilidade de prisão do depositário infiel, independentemente da modalidade do depósito, sob o fundamento de que os tratados internacionais de direitos humanos tinham força supralegal e, pois, eram hierarquicamente superiores às leis ordinárias, eis que abraçavam princípios transcendentes à constituição formal, alcançando a constituição material, o que fez prevalecer nas decisões plenárias o direito à liberdade individual no conflito com o direito de propriedade, consagrando-se nos julgados a chamada interpretação *pro libertate*.

Da análise da referência legislativa e dos precedentes judiciais que permearam a Súmula Vinculante n. 25, observa-se que a apreciação do Supremo Tribunal Federal se centrou apenas em parte do conflito, a saber, a tensão entre os direitos à liberdade e à propriedade, restando turvada a discussão em torno de cada uma das espécies de depositário infiel, bem assim os reflexos perpassados em desfavor das garantias institucionais referentes ao amplo acesso ao Judiciário e da efetividade processual, também direitos fundamentais.

Tal posicionamento representou distorções na interpretação jurídica do conflito de direitos fundamentais em apreço, seja sob a perspectiva línguística, seja pela hermenêutica. Com efeito, se a implicatura de sentido imprescinde das dimensões relacionais sintagmáticas e paradigmáticas das palavras, bem assim da vinculação dos signos aos âmagos sintático, semântico e pragmático, então, não se pode atribuir como razoável a posição dogmática que sustenta que, com a Convenção Americana de Direitos Humanos e, atualmente, com a edição da Súmula Vinculante n. 25 do STF, são despiciendas as investigações sobre a natureza jurídica do depósito, isto é, sobre o fato de a prisão civil do depositário infiel estar ou não verdadeira e efetivamente atrelada à dívida.

Por outro lado, não se pode admitir a relação gênero/espécie entre a prisão civil por dívida e a retenção civil do depositário judicial infiel, sem se impor, do ponto de vista lógico, uma flagrante e inaceitável violação do todo e da parte do texto, imolando-se o cânon da aderência de sentido durante o processo de compreensão e interpretação que, *ipso facto*, passa a ser arbitrário e abusivo.

Se o *telos* do preceito constitucional esposado no art. 5º, inciso LXVII, era vedar a "prisão civil por dívida", então esse é o limite imanente da interpretação desse direito fundamental, não podendo o intérprete ir além e sonegar toda e qualquer forma de prisão civil, sem imolar a vontade da Constituição e sua força normativa, daí porque, convém repetir, que a análise da natureza jurídica de cada uma das espécies de depositário infiel se impõe como uma necessidade intransponível.

Por sua vez, se a Súmula Vinculante n. 25 é escorreita quando abraça a Convenção Internacional de Direitos Humanos como norma supralegal e obsta a prisão civil dos depositários contratuais, mercê da ampliação da proteção internacional a esse respeito, albergando o princípio *pro homine*, o mesmo não se pode dizer quando o verbete impõe a vedação da ordem civil de confinamento pessoal "qualquer que seja a modalidade de depósito", pois, nesse campo, o Supremo Tribunal Federal foi além do que previra o preceptivo contido na Constituição e do que contempla a própria norma internacional.

Para que não se malfira a supremacia e a unidade da Constituição, a expressão "qualquer que seja a modalidade de depósito" contida na Súmula Vinculante n. 25 do STF deve ser interpretada no sentido de "qualquer que seja a modalidade de depósito civil ou contratual", fomentando a adequação daquele verbete sumular ao preceptivo do art. 5º, LXVII, o qual não veda a prisão civil como gênero e, pois, não sonega a possibilidade de sua ordenação pelo juiz como medida coercitiva para o cumprimento de provimentos mandamentais de ordem pública, a exemplo do que ocorre nas determinações judiciais não cumpridas por depositários judiciais, quando está em jogo a autoridade do direito e a efetividade da tutela jurisdicional.

A não ser assim, tal como redigida e interpretada, a uniformidade preconizada pela Súmula Vinculante n. 25 do STF colide com a dicção do art. 103-A, § 1º, da Constituição Federal, tornando-a inconstitucional, pois sua finalidade precípua é a de conter a proliferação de processos em que se discutam *questões idênticas*, o que, como se procurou demonstrar, não ocorre nas hipóteses de prisão civil de depositário infiel contratual ou civil e de prisão civil do depositário infiel judicial.

Dessa forma, entende-se que a redação da Súmula Vinculante n. 25 deve ser revista, de ofício ou por provocação das entidades legitimadas constitucionalmente a fazê-lo, para a seguinte proposição: "É ilícita a prisão civil do depositário infiel qualquer que seja a modalidade de depósito civil ou contratual".

Até que essa revisão seja realizada, em consagração ao princípio da unidade da Constituição, a Súmula Vinculante n. 25 do STF deve ser adequadamente interpretada no sentido de vincular objetivamente apenas os depósitos civis ou contratuais, não acolhendo qualquer efeito vinculativo aos depósitos judiciais.

Referências Bibliográficas

ALEXY, Robert. *Teoria dos direitos fundamentais*. Trad. de: Virgílio Afonso da Silva. São Paulo: Malheiros, 2008.

_____. *Constitucionalismo discursivo*. Trad. de: Luís Afonso Heck. 2. ed. Porto Alegre: Livraria do Advogado, 2008.

ARENHART, Sérgio Cruz. *A tutela inibitória na vida privada*. São Paulo: Revista dos Tribunais, 2000.

_____. *Perfis da tutela inibitória coletiva*. São Paulo: Revista dos Tribunais, 2003.

ASSIS, Araken de. *Manual do processo de execução*. 7. ed. São Paulo: Revista dos Tribunais, 2001.

_____. *O contempt of court no direito brasileiro*. Disponível em: <http://www.notadez.com.br/content/noticias.asp?id=12545> Acesso em: 30 ago. 2010.

BARROSO, Luís Roberto. *Interpretação e aplicação da Constituição*. Fundamentos de uma dogmática constitucional transformadora. 3. ed. São Paulo: Saraiva, 1999.

BLEICHER, Josef. *Hermenêutica Contemporânea*. Lisboa: Edições 70, 2002.

BOBBIO, Norberto. *Teoria do ordenamento jurídico*. Trad. de: Maria Celeste Cordeiro Leite dos Santos. 6. ed. Brasília: Universidade Nacional de Brasília, 1995.

BONAVIDES, Paulo. *Curso de direito constitucional*. 12. ed. São Paulo: Malheiros, 2002.

BRASIL. Constituição (1988). Organização dos Textos, notas remissivas e índices por Yussef Said Cahali. 5. ed. São Paulo: Revista dos Tribunais, 2003.

_____. Constituição (1967). Disponível em: <http://www.planalto.gov.br/ccivil_03/constituicao/constitui%c3%a7ao67.htm>

_____. Emenda Constitucional n. 1 (1969). Disponível em: <http://www.planalto.gov.br/ccivil/Constituicao/Emendas/Emc_anterior1988/emc01-69.htm> Acesso em: 30 nov. 2010.

_____. Constituição (1946). Disponível em: <http://www.planalto.gov.br/ccivil_03/Constituicao/Constitui%C3%A7ao 46.htm> Acesso em: 30 nov. 2010.

_____. Constituição (1937). Disponível em: <http://www.planalto.gov.br/ccivil_03/Constituicao/Constitui%C3%A7ao 37.htm> Acesso em: 30 nov. 2010.

_____. Constituição (1934). Disponível em: <http://www.planalto.gov.br/ccivil_03/constituicao/Constituicao34.htm> Acesso em: 30 nov. 2010.

_____. Constituição (1891). Disponível em: <http://www.planalto.gov.br/ccivil_03/constituicao/Constituicao91.htm> Acesso em: 30 nov. 2010.

_____. Constituição (1824). Disponível em: <http://www.planalto.gov.br/ccivil_03/constituicao/constituicao24.htm> Acesso em: 1º dez. 2010.

_____. Código de Processo Civil (1973). Organização dos Textos, notas remissivas e índices por Yussef Said Cahali. 5. ed. São Paulo: Revista dos Tribunais, 2003.

_____. Código de Processo Civil (1939). Disponível em: <http://www.planalto.gov.br/ccivil/Decreto-Lei/1937-1946/Del1608.htm> Acesso em: 30 nov. 2010.

_____. Código de Defesa do Consumidor (1990). Organização dos Textos, notas remissivas e índices por Yussef Said Cahali. 5. ed. São Paulo: Revista dos Tribunais, 2003.

_____. Código Civil (2002). Organização dos Textos, notas remissivas e índices por Yussef Said Cahali. 5. ed. São Paulo: Revista dos Tribunais, 2003.

_____. Código Civil (1916). Disponível em: <http://www81.dataprev.gov.br/sislex/paginas/11/1916/3071.htm> Acesso em: 30 nov. 2010.

_____. Código Penal (1949). Disponível em: <http://www.planalto.gov.br/ccivil/Decreto-Lei/Del2848.htm> Acesso em: 2 dez. 2010.

_____. Lei do Mercado de Capitais (1965). Disponível em: <www.planalto.gov.br/ccivil_03/leis/L4728.htm> Acesso em: 21 jul. 2010.

_____. Lei Ordinária n. 8.666 (1994). Disponível em: <http://www.leidireito.com.br/lei8866.html> Acesso em: 21 jul. 2010.

_____. Decreto n. 737. (1850). Disponível em: <http://www.jusbrasil.com.br/legislação/103248/decreto-737-50> Acesso em: 1º dez. 2010.

_____. Decreto n. 678, de 6.11.1992. Disponível em: <http://www.planalto.gov.br/ccivil_03/decreto/D0678.htm> Acesso em: 2 set. 2010.

_____. Supremo Tribunal Federal. Súmula Vinculante n. 25, de 16.12.2009. Disponível em: <http://www.stf.jus.br/portal/jurisprudencia/listarJurisprudencia.asp?s1=25.NUME.%20E%20S.FLSV.&base=base Sumulas Vinculantes> Acesso em: 2 set. 2010.

_____. Supremo Tribunal Federal. Proposta de Súmula Vinculante n. 54, de 8.10.2010. Disponível em: <http://www.stf.jus.br/portal/processo/verProcessoAndamento.asp?incidente=3964906> Acesso em: 5 jan. 2011.

_____. Supremo Tribunal Federal. Recurso Extraordinário n. 562.051-MT, de 12.9.2008. Disponível em: <http://www.stf.jus.br/portal/jurisprudencia/listarJurisprudencia.asp?s1=562051&base=baseAcordaos> Acesso em: 13 ago. 2010.

_____. Supremo Tribunal Federal. Recurso Extraordinário n. 466.343-SP, de 5.6.2009. Disponível em: <http://www.stf.jus.br/portal/jurisprudencia/listarJurisprudencia.asp?s1=466343%28466343%2ENUME%2E+OU+466343%2EACMS%2E%29&base=baseAcordaos> Acesso em: 13 ago. 2010.

_____. Supremo Tribunal Federal. Recurso Extraordinário n. 349.703-RS, de 5.6.2009. Disponível em: <http://www.stf.jus.br/portal/jurisprudencia/listarJurisprudencia.asp?s1=349%2E703&base=baseAcordaos> Acesso em: 13 ago. 2010.

_____. Supremo Tribunal Federal. *Habeas Corpus* n. 87.585-TO, de 26.6.2009. Disponível em: <http://www.stf.jus.br/portal/jurisprudencia/listarJurisprudencia.asp?s1=87585&base=baseAcordaos> Acesso em: 13 ago. 2010.

_____. Supremo Tribunal Federal. *Habeas Corpus* n. 90.172-SP, de 17.8.2007. Disponível em: <http://www.stf.jus.br/portal/jurisprudencia/listarJurisprudencia.asp?s1=90172&base=baseAcordaos> Acesso em: 13 ago. 2010.

_____. Supremo Tribunal Federal. *Habeas Corpus* n. 96.582-DF, de 7.11.2008. Disponível em: <http://www.stf.jus.br/portal/jurisprudencia/listarJurisprudencia.asp?s1=96582&base=baseAcordaos> Acesso em: 13 ago. 2010.

_____. Supremo Tribunal Federal. *Habeas Corpus* n. 95.967-MS, de 8.9.2008. Disponível em: <http://www.stf.jus.br/portal/jurisprudencia/listarJurisprudencia.asp?s1=95967&base=baseAcordaos> Acesso em: 13 ago. 2010.

_____. Supremo Tribunal Federal. *Habeas Corpus* n. 96.687-MG, de 19.11.2008. Disponível em: <http://www.stf.jus.br/portal/jurisprudencia/listarJurisprudencia.asp?s1=96687&base=baseAcordaos> Acesso em: 13 ago. 2010.

_____. Supremo Tribunal Federal. *Habeas Corpus* n. 93.435-MG, de 7.11.2008. Disponível em: <http://www.stf.jus.br/portal/jurisprudencia/listarJurisprudencia.asp?s1=93435&base=baseAcordaos> Acesso em: 13 ago. 2010.

_____. Supremo Tribunal Federal. *Habeas Corpus* n. 91.950-MS, de 14.11.2008. Disponível em: <http://www.stf.jus.br/portal/jurisprudencia/listarJurisprudencia.asp?s1=91950&base=baseAcordaos> Acesso em: 13 ago. 2010.

_____. Supremo Tribunal Federal. *Habeas Corpus* n. 95.170-RJ, de 13.3.2009. Disponível em: <http://www.stf.jus.br/portal/jurisprudencia/listarJurisprudencia.asp?s1=95170&base=baseAcordaos> Acesso em: 13 ago. 2010.

_____. Supremo Tribunal Federal. *Habeas Corpus* n. 92.566-SP, de 5.6.2009. Disponível em: <http://www.stf.jus.br/portal/jurisprudencia/listarJurisprudencia.asp?s1=92566&pagina=2&base=baseAcordaos> Acesso em: 13 ago. 2010.

CANARIS, Claus-Wilhelm. *Pensamento sistemático e conceito de sistema na ciência do Direito*. 2. ed. Lisboa: Fundação Calouste Gulbenkian, 1980.

CANOTILHO, José Joaquim Gomes. *Direito constitucional*. 6. ed. Coimbra: Almedina, 1993.

CAPPELLETTI, Mauro; GARTH, Bryant. *Acesso à Justiça*. Trad. de: Ellen Gracie Northfleet, Porto Alegre: Sergio Antônio Fabris, 2002.

CASTRO, Amílcar de. *Comentários ao Código de Processo Civil*. 3. ed. São Paulo: Revista dos Tribunais, 1983. v. VIII.

DIMOULIS, Dimitri; MARTINS, Leonardo. *Teoria geral dos direitos fundamentais*. 2. ed. São Paulo: Revista dos Tribunais, 2008.

DINAMARCO, Cândido Rangel. *Execução civil*. 6. ed. São Paulo: Malheiros, 1996.

_____. *A instrumentalidade do processo*. 5. ed. São Paulo: Malheiros, 1998.

DINIZ, Maria Helena. *Curso de direito civil brasileiro*. Teoria das obrigações contratuais e extracontratuais. 12. ed. São Paulo: Saraiva, 1997. v. III.

DOOLEY, Robert A.; LEVINSOHN, Stephen H. *Análise do discurso*. Conceitos básicos em linguística. Trad. de: Ruth Julieta da Silva e John White. 3. ed. Petrópolis: Vozes, 2007.

DWORKIN, Ronald. *Los derechos em serio*. Trad. de: Marta Gustavino. 5. ed. Barcelona: Ariel, 2002.

ENGISCH, Karl. *Introdução ao pensamento jurídico*. 10. ed. Lisboa: Fundação Calouste Gulbenkian, 2008.

FALCÃO, Raimundo Bezerra. *Hermenêutica*. São Paulo: Malheiros, 2004.

FERNANDES, André Dias. *Eficácia das decisões do STF em ADIN e ADC*: efeito vinculante, coisa julgada *erga omnes* e eficácia *erga omnes*. Salvador: Juspodivm, 2009.

FERREIRA, Aurélio Buarque de Holanda. *Dicionário do Aurélio* on-line. Disponível em: <www.dicionariodoaurelio.com> Acesso em: 29 nov. 2010.

FIGUEIREDO, Débora de Carvalho. *Violência sexual e controle legal:* uma análise crítica de três extratos de sentenças em casos de violência contra a mulher. Linguagem em (dis)curso — LemD, Tubarão, v. 4, n. esp, 2004.

FLORES, Joaquín Herrera. *A (re)invenção dos Direitos Humanos*. Trad. de: Carlos Roberto Diogo Garcia, Antônio Henrique Graciano Suxberger e Jefferson Aparecido Dias. Florianópolis: Fundação Boiteux, 2009.

GADAMER, Hans-Georg. *Verdade e método*. Traços fundamentais de uma hermenêutica filosófica. 3. ed. Petrópolis: Vozes, 1999.

GARCIA, Aílton Stropa. Implicações constitucionais, processuais e sociais da prisão civil do alimentante inadimplente. In: *Revista Jurídica da UNIGRAN*, Dourados, MT, v. 6, n. 11, p. 105-122, jan./jul. 2004.

GRAU, Eros Roberto. *Ensaio e discurso sobre a interpretação/aplicação do Direito*. 5. ed. São Paulo: Malheiros, 2009.

GRINOVER, Ada Pellegrini. *A marcha do processo*. Rio de Janeiro: Forense Universitária, 2000.

_____. Ética, abuso do processo e resistência às ordens judiciárias: o *contempt of court*. In: *Revista de Processo*, São Paulo, RT, ano 26, n. 102, p. 219-227, abr./jun. 2001.

GUERRA, Marcelo Lima. *Execução indireta*. São Paulo: Revista dos Tribunais, 1999.

_____. *Contempt of court*: efetividade da jurisdição federal e meios de coerção no código de processo civil e prisão por dívida — tradição no sistema anglo-saxão e aplicabilidade no direito brasileiro, p. 312-332. Disponível em: <http://cfj.jus.br/revista/seriecadernos/vol23/artigo15.pdf> Acesso em: 30 ago. 2010.

GUERRA FILHO, Wilis Santiago. Princípio da proporcionalidade e o devido processo legal. In: SILVA, Virgílio Afonso da (Org.). *Interpretação constitucional*. São Paulo: Malheiros, 2005. p. 255-269.

HÄBERLE, Peter. *Hermenêutica constitucional*. A sociedade aberta dos intérpretes da Constituição: contribuição para a interpretação pluralista e "procedimental" da Constituição. Trad. de: Gilmar Ferreira Mendes. Porto Alegre: Sergio Antônio Fabris, 2002.

HABERMAS, Jürgen. *A ética da discussão e a questão da verdade*. Trad. de: Marcelo Brandão Cipolla. 2. ed. São Paulo: Martins Fontes, Coleção Tópicos, 2007.

HESSE, Konrad. *A força normativa da Constituição*. Trad. de: Gilmar Ferreira Mendes. Porto Alegre: Sergio Antônio Fabris, 1991.

_____. *Elementos de direito constitucional da República Federal da Alemanha*. Trad. de: Luís Afonso Heck da 20ª edição alemã. Porto Alegre: Sergio Antonio Fabris, 1998.

KOCH, Ingedore G. Villaça. *Argumentação e linguagem*. 3. ed. São Paulo: Cortez, 1993.

LARENZ, Karl. *Metodologia da ciência do Direito*. 3. ed. Lisboa: Fundação Calouste Gulbenkian, 1997.

LÔBO, Paulo Luiz Neto. *O contrato*. Exigências e concepções atuais. São Paulo: Saraiva, 1986.

LOPES, Serpa. *Curso de Direito Civil*. Fonte das obrigações: contratos. 5. ed. Rio de Janeiro: Freitas Bastos, 1999. v. IV.

MARINONI, Luiz Guilherme. *Tutela Inibitória:* individual e coletiva. 4. ed. São Paulo: Revista dos Tribunais, 2006.

MARMITT, Arnaldo. *Prisão civil por alimentos e depositário infiel*. Rio de Janeiro: Aide, 1989.

MARQUES, Cláudia Lima. Superação das antinomias pelo diálogo das fontes: o modelo brasileiro de coexistência entre o Código de Defesa do Consumidor e o Código Civil de 2002. In: *Revista de Direito do Consumidor*, São Paulo, Revista dos Tribunais, v. 13, n. 53, p. 34-67, jul./set. 2004.

MARQUES, José Frederico. *Instituições de direito processual civil*. Campinas: Millennium, 1999.

MAZZUOLI, Valério de Oliveira. *Tratados internacionais de direitos humanos e direito interno*. São Paulo: Saraiva, 1999.

_____. *Alienação fiduciária em garantia e a prisão do devedor-fiduciante*. Uma visão crítica à luz dos direitos humanos. Campinas: Agá Juris, 2010.

MEDINA, José Miguel Garcia. *Execução civil:* princípios fundamentais. São Paulo: Revista dos Tribunais, 2002.

MELO, Marcos Bernardes de. *Teoria do fato jurídico*. Plano da existência. 14. ed. São Paulo: Saraiva, 2007.

MIRANDA, Pontes de. *Tratado das ações*. Ação, classificação e eficácia. Campinas: Bookseller, 1954. t. I.

_____. *Tratado de Direito Privado*. Parte geral. Introdução. Pessoas físicas e jurídicas. Rio de Janeiro: Borsoi, 1998. t. I.

MONTESQUIEU, Charles de Secondat, Baron de. *O espírito das leis*. Trad. de: Cristina Murachco. São Paulo: Martins Fontes, 1996.

NAÇÕES UNIDAS. Pacto Internacional dos Direitos Civis e Políticos (1966). Disponível em: <http://www.cidadevirtual.pt/acnur/refworld/refworld/legal/instrume/detent/civpot_p.htm> Acesso em: 2 set. 2010.

NEVES, Marcelo. *A constitucionalização simbólica*. 2. ed. São Paulo: Martins Fontes, 2007.

PEREIRA, Caio Mário da Silva. *Instituições de direito civil*. Fonte das obrigações: contratos, declaração unilateral de vontade e responsabilidade civil. 3. ed. Rio de Janeiro: Forense, 1975. v. 5.

PIOVESAN, Flávia. *Direitos humanos e o direito constitucional internacional*. 11. ed. São Paulo: Saraiva, 2010.

PORTUGAL. Ordenações Afonsinas (1446/1447). Disponível em: <http://www1.ci.uc.pt/ihti/proj/afonsinas/l4237.htm> Acesso em: 1º dez. 2010.

_____. Ordenações Manuelinas (1521). Disponível em: <http://www1.ci.uc.pt/ihti/proj/manuelinas/l4p127.htm> Acesso em: 1º dez. 2010.

_____. Ordenações Filipinas (1603). Disponível em: <http://www1.ci.uc.pt/ihti/proj/filipinas/l4p892.htm> Acesso em: 30 nov. 2010.

QUEIROZ, Odete Novais Carneiro. *Prisão civil e os direitos humanos*. São Paulo: Revista dos Tribunais, 2004.

ROSS, Alf. *Direito e Justiça*. Trad. de: Edson Bini. Bauru: Edipro, 2000.

SAN JOSE DA COSTA RICA. Convenção Americana de Direitos Humanos (1969). Disponível em: <http://www2.idh.org.br/casdh.htm> Acesso em: 11 ago. 2010.

SANTOS, Moacyr Amaral. *Primeiras linhas de direito processual civil*. 17. ed. São Paulo: Saraiva, 1998. v. 3.

SARLET, Ingo Wolfgang. *A eficácia dos direitos fundamentais*. 2. ed. Porto Alegre: Livraria do Advogado, 2001.

SILVA, Osmar Vieira da. O *contempt of court* (desacato à ordem judicial) no Brasil. In: *Revista Jurídica da Unifil*, São Paulo, ano IV, n. 04, p. 31.

SILVA, Ovídio Baptista da. *Curso de processo civil*: execução obrigacional, execução real e ações mandamentais. 3. ed. São Paulo: Revista dos Tribunais, 1998. v. II.

TALAMINI, Eduardo. Ainda sobre a prisão como execução indireta: a criminalização da desobediência às ordens judiciais. In: SHIMURA, Sérgio; WAMBIER, Teresa Arruda Alvim (Coords.). *Processo de execução*. Série Processo de execução e assuntos afins. v. 2. São Paulo: Revista dos Tribunais, 2001.

_____. *Tutela relativa aos deveres de fazer e de não fazer*: e sua extensão aos deveres de entrega de coisa (CPC, arts. 461 e 461-A, CDC, art. 84). 2. ed. São Paulo: Revista dos Tribunais, 2003.

TEIXEIRA FILHO, Manoel Antonio. *Execução no processo do trabalho*. 7. ed. São Paulo: LTr, 2001.

TRINDADE, Antônio Augusto Cançado. *A interação entre o direito internacional e o direito interno na proteção dos direitos humanos*. In: *A incorporação das normas internacionais de proteção dos direitos humanos no direito brasileiro*. Coordenado por Antônio Augusto Cançado Trindade. San Jose, Costa Rica: IIDH, 1996. p. 205-247.

VAZ, Paulo Afonso Brum. O *contempt of court* no novo processo civil. In: *Revista de Processo Civil*, Curitiba, n. 32, p. 336-356, abr./jun. 2004.

VENOSA, Silvio de Salvo. *Direito civil.* Contratos em espécie. 3 ed. São Paulo: Atlas, 2003.

VERDÚ, Pablo Lucas. *O sentimento constitucional.* Aproximação ao estudo do sentir constitucional como modo de integração política. Trad. de: Agassiz Almeida Filho. Rio de Janeiro: Forense, 2004.

VILANOVA, Lourival. *Causalidade e relação no direito.* Recife: OAB/PE, 1985.

WAMBIER, Luiz Rodrigues. O contempt of court *na recente experiência brasileira:* anotações a respeito da necessidade premente de se garantir efetividade às decisões judiciais. Disponível em: <http://www.cenajus.org/moodle/mod/forum/discuss.php?d=229> Acesso em: 30 ago. 2010.

WARAT, Luís Alberto. *O direito e a sua linguagem.* 2. ed. Porto Alegre: Sergio Antônio Fabris, 1995.

Produção Gráfica e Editoração Eletrônica: Peter Fritz Strotbek
Projeto de Capa: Fabio Giglio
Impressão: Pimenta Gráfica